Außenwirtschaft

Von

Dr. Karlhans S a u e r n h e i m e

Dipl.-Volkswirt Dieter B l o h m

Inhaltsverzeichnis

1. Auflage 1979
2. Auflage 1988 (überarbeitet 1990)

Der Gabler Verlag ist ein Unternehmen der Verlagsgruppe Bertelsmann International.

© Betriebswirtschaftlicher Verlag Dr. Th. Gabler GmbH, Wiesbaden 1990
Satz: SATZPUNKT Ursula Ewert, Braunschweig
Druck und Buchbinderei: Lengericher Handelsdruckerei, Lengerich/Westf.
ISBN-3-409-02181-7

Einführung

Lernziel:

Nach Durcharbeitung dieses Abschnittes sollen Sie den Gegenstand von Außenwirtschaftstheorie und -politik an Hand typischer Fragestellungen erklären können und einen Überblick über Umfang und Struktur des Welthandels haben.

Die **Außenwirtschaftstheorie** ist Teil der allgemeinen Wirtschaftstheorie. Diese beschäftigt sich mit den Gesetzmäßigkeiten der Produktion und Verteilung von Gütern. In der Produktion erbringen neben Inländern auch Ausländer Faktorleistungen, und die produzierten Güter und Dienstleistungen werden nicht nur an Inländer, sondern auch an Ausländer verteilt. Die spezielle Analyse dieser internationalen Transaktionen ist Gegenstand der Außenwirtschaftstheorie.

Wie jede Theorie bedient sich auch die Außenwirtschaftstheorie der Systematisierung und der Vereinfachung. Die Fülle der in der Realität zwischen In- und Ausländern beobachtbaren Transaktionen scheint chaotisch: Tausende verschiedenartigster Güter werden exportiert und importiert, Inländer nehmen als Touristen ausländische Dienstleistungen in Anspruch, Gastarbeiter leisten Zahlungen an Angehörige im Ausland, inländische Unternehmen gründen Tochtergesellschaften im Ausland, und ausländische Geldanleger erwerben inländische Währung, um Aufwertungsgewinne zu realisieren usw. Nach einer Systematisierung, d. h. sinnvollen Zusammenfassung all dieser Transaktionen, versucht die Theorie, die beobachteten Transaktionen auf einige wenige, aber zentrale Ursachen zurückzuführen und zu erklären.

Die **Außenwirtschaftspolitik** beschäftigt sich mit den Möglichkeiten der Gestaltung der außenwirtschaftlichen Beziehungen. Im Mittelpunkt der Betrachtung stehen dabei die Ziele, die durch die Aufnahme außenwirtschaftlicher Beziehungen verfolgt oder durch die Existenz außenwirtschaftlicher Beziehungen beeinflußt werden. Daneben sind die zur Erreichung der Ziele zur Verfügung stehenden Instrumente von Interesse sowie der institutionelle Rahmen, die Abkommen, Verträge und Vereinbarungen, in die die außenwirtschaftlichen Beziehungen eingebettet sind.

Der Aufbau der Schrift trägt beiden Aspekten, dem außenwirtschaftstheoretischen und dem außenwirtschaftspolitischen Aspekt Rechnung. Die beiden großen, sich in der Art der Fragestellung unterscheidenden Problemkreise der Arbeit, der des internationalen Handels und der der Zahlungsbilanz, werden jeweils zunächst unter theoretischem, Zusammenhänge erklärendem, dann mehr unter politischem, Möglichkeiten zielgerechter Gestaltung diskutierendem Aspekt beleuchtet:

Einige typische Fragen mögen in die **Problemkreise** einführen:

1. Wodurch sind Richtung, Struktur und Umfang des internationalen Handels bestimmt?

2. Ist es möglich, durch internationale Arbeitsteilung und Aufnahme von Handelsbeziehungen den nationalen und internationalen Wohlstand zu steigern?

3. Welche handelspolitischen Strategien sind zur Erreichung dieses Ziels geeignet?

4. Was sind die Gründe und die Auswirkungen handelsprotektionistischer Maßnahmen?

5. Welche Wirkung hat ein Exportüberschuß auf Einkommen, Preise und Beschäftigung?

6. Gibt es im marktwirtschaftlichen System Mechanismen, die zu einem Abbau eines Zahlungsbilanzungleichgewichtes führen, oder bedarf es dazu gezielter wirtschaftspolitischer Maßnahmen?

7. Verhindern flexible Wechselkurse den Inflationsimport?

8. Wie beeinflussen zahlungsbilanzpolitische Maßnahmen andere wirtschaftspolitische Ziele?

Die folgenden Tabellen sollen einen Einblick in die Struktur und den Umfang des Welthandels und des Handels der Bundesrepublik Deutschland geben, um die wirtschaftspolitische Bedeutung der angesprochenen Fragen zu verdeutlichen.

Tab. 1: Welthandelsströme nach Regionen in Mrd. $ (%)

1984		Importe			
Länder	Mw IL	OPEC	EL	PI IL	Welt
E X P O R T E — Mw IL	864 (45,4)	37 (1,9)	296 (15,5)	37 (1,9)	1234 (64,7)
OPEC	107 (5,6)	5 (0,3)	54 (2,8)	4 (0,2)	170 (8,9)
EL	192 (10,1)	6 (0,3)	93 (4,9)	9 (0,5)	300 (15,8)
PI IL	64 (3,4)	6 (0,3)	28 (1,5)	103 (5,4)	201 (10,6)
Welt	1227 (64,5)	54 (2,8)	471 (24,7)	153 (8,0)	1905 (100)

Interpretation:

1. Die marktwirtschaftlichen Industrieländer (Mw IL) exportierten 1984 Güter im Wert von 1234 Mrd. $, das entspricht 64,7 % der Exporte der Welt als Ganzes. Hauptabnehmer waren sie selbst (45,4 %). Es folgen die Entwicklungsländer (EL) mit 15,5 % vor den gleichauf liegenden OPEC- und planwirtschaftlichen Industrieländern (Pl IL) mit je 1,9 %.

2. Lieferanten der marktwirtschaftlichen Industrieländer waren in erster Linie sie selbst (45,4 %). Es folgen die Entwicklungsländer (10,1 %) vor den OPEC-Ländern (5,6 %) und den Staatshandelsländern (3,4 %).

3. Den Exportüberschüssen der OPEC (170 − 54 = 116), der planwirtschaftlichen (201 − 153 = 48) und marktwirtschaftlichen Industrieländer (1234 − 1227 = 7) entspricht ein Importüberschuß der Entwicklungsländer in Höhe von (300 − 471 = 171) Mrd. $.

Tab. 2: Die Entwicklung der Welthandelsströme seit 1973

Jahr	1973	1974	1975	1976	1977	1978	1979	1980	1981	1982	1983	1984
Exportwert (Mrd. $)	517	767	786	896	1017	1177	1497	1820	1793	1660	1610	1704
Wachstumsrate des Exportwerts	39,0	48,4	2,5	13,9	13,5	15,7	27,2	21,6	−1,5	−7,4	−3,0	5,8
Preissteigerungsrate der Exportgüter	19,3	43,3	9,8	2,2	8,8	11,3	20,8	21,6	−1,5	−4,4	−6,0	−2,2

Interpretation:

1. Die hier aufgeführten Zahlen enthalten nicht den Export der Staatshandelsländer. Addiert man diesen für 1984 hinzu, erhält man den Exportwert der gesamten Welt lt. Tab. 1.

2. Die Wachstumsrate des Exportwerts und damit des Welthandels ist in den 70-er Jahren hoch, in den 80-er Jahren überwiegend negativ. Die Zerlegung der Exportwertänderung in eine Exportpreis- und eine Exportmengenänderung gibt zusätzliche Aufschlüsse.

3. Die Preissteigerungsrate der Exportgüter zeigt den zweimaligen Preisschub 1973/74 und 1979/80 infolge der Ölpreiserhöhungen sowie den Preisverfall seit 1981. Da die Wachstumsrate des Exportwerts minus der Wachstumsrate der Exportpreise annähernd der Wachstumsrate der Exportmengen entspricht, erkennt man den Einbruch des mengenmäßigen Weltexports in den Jahren 1975 und 1982 sowie die Stagnation 1980/81.

Tab. 3: Die Entwicklung des Handels von Gütern und Diensten der Bundesrepublik Deutschland seit 1973 (in Mrd. DM)

Jahr	1973	1974	1975	1976	1977	1978	1979	1980	1981	1982	1983	1984
Exportwert	203	262	255	290	307	321	351	392	446	479	487	542
Importwert	176	220	227	265	279	290	344	401	435	441	452	500
Saldo	27	42	28	25	28	31	7	−9	11	38	35	42
Sozialprodukt	917	985	1027	1122	1198	1285	1392	1479	1541	1598	1671	1746
Exportquote	22 %				26 %				29 %			31 %
Welthandels-anteil	11 %				10 %				10 %			9 %

Interpretation:

1. Der Exportwert lag in fast allen Jahren über dem Importwert, so daß der Außenbeitrag (Zeile 1–Zeile 2 = Zeile 3) stets positiv war. Lediglich 1980 resultierte ein Importüberschuß (Ölpreise).

2. Die Exportquote, das ist der Anteil der Exporte am Sozialprodukt, ist von 22 % auf 31 % gestiegen. Mittlerweile wird, grob gesprochen, jedes dritte Gut exportiert.

3. Die inländischen Exporte machen, gemessen am Export der gesamten Welt, rund 10 % aus (Welthandelsanteil).

Tab. 4: Die Struktur des Handels der Bundesrepublik Deutschland
im Durchschnitt der Jahre 1984–1986

Regionalstruktur	Export	Import	Warenstruktur	Export	Import
EG	50,2	51,0	Maschinenbau	14,9	4,9
USA	10,2	6,9	Straßenfahrzeug	17,2	5,9
Andere Industrie-länder	22,1	21,6	Elektrotechnik	10,3	7,8
			Eisen und Stahl	4,3	3,1
Entwicklungs-länder	7,7	9,7	Verbrauchsgüter	11,6	14,6
			Chemie	13,8	–
Staatshandels-länder	5,0	5,6	Grundstoffe	–	37,5
			Landwirtschaft	1,2	7,6
Sonstige	4,8	5,2	Sonstige	26,7	18,6
	100,0 %	100,0 %		100,0 %	100,0 %

Interpretation:

1. Die Bundesrepublik Deutschland wickelt etwa die Hälfte ihres gesamten Handels mit den EG-Partnern ab. Gegenüber den USA besteht ein hoher bilateraler Handelsbilanz-überschuß.

2. Der bedeutsamste Exportzweig der Bundesrepublik Deutschland ist der Fahrzeugbau. Der hohe Anteil von Grundstoffen an den Importen bringt die Rohstoffabhängigkeit des Inlandes zum Ausdruck.

Frage:

1. Welches sind die besonderen Kennzeichen des Welthandels der 80er Jahre? (Tab. 1) – Nennen Sie einige!

A. Theorie und Politik des internationalen Handels

I. Die Theorie des internationalen Handels

1. Ursachen des internationalen Handels

Lernziel:

> Nach Durcharbeitung dieses Unterabschnitts sollen Ihnen die einzelnen Ursachen des internationalen Handels geläufig sein.

Auf die Frage, warum es überhaupt zu internationalem Handel kommt, lassen sich drei Ursachen nennen: Nicht-Verfügbarkeiten, Preise, Präferenzen. So werden Produkte importiert, die im Inland nicht verfügbar sind, oder, sofern sie verfügbar sind, im Ausland billiger sind, oder weil sie aus irgendwelchen nicht-preislichen Gründen gegenüber vergleichbaren Inlandsprodukten präferiert, d. h. vorgezogen, werden.

a) Nicht-Verfügbarkeit von Gütern

Ein beträchtlicher Teil der internationalen Güterbewegungen kann aus der Tatsache heraus erklärt werden, daß bestimmte Güter in bestimmten Ländern nicht verfügbar sind und somit importiert werden müssen. Man klassifiziert die Nicht-Verfügbarkeits-Ursachen nach der Zeitspanne, für die die Nicht-Verfügbarkeit bestimmter Güter gilt:

(1) Dauerhafte Nicht-Verfügbarkeit

Hierher gehören Güter, die aus geologischen oder klimatischen Gründen nur in bestimmten Ländern vorgefunden oder erzeugt werden können. Beispiele sind Rohöl, Kupfer, Kohle sowie Tee, Kaffee und Gewürze. Man spricht von Nicht-Verfügbarkeiten auf Grund natürlicher Gegebenheiten. Ein Großteil des Exports der Entwicklungsländer in die Industrieländer kann mit dieser Hypothese erklärt werden.

(2) Mittelfristige Nicht-Verfügbarkeit

Ebenso typisch wie die Produktpalette, die die Entwicklungsländer ausführen, sind die Produkte, die sie einführen. Es sind dies insbesondere Investitionsgüter und technisch hochentwickelte Konsumgüter. Denn zur Sicherung der materiellen Lebensbedingungen sind die Länder mit niedriger Entwicklungsstufe gezwungen, möglichst viele Faktoren in der materiellen Konsumgüterproduktion einzusetzen, so daß es an eigener Investitionsgüterproduktion fehlt. Man spricht von Nicht-Verfügbarkeiten (an Investitionsgütern) wegen wirtschaftlicher Unterentwicklung.

8

Mittelfristige Nicht-Verfügbarkeit basiert daneben auch auf ungleichmäßiger Entwicklung des technischen Fortschritts in den Ländern. Es entstehen „technologische Lücken". Beispiele sind die Überlegenheit amerikanischer Unternehmen der Datenverarbeitungs-, Flugzeugbau- und Raumfahrtindustrie. Diese technologischen Lücken haben aber oft nicht allzu lange Bestand. Andere Länder imitieren das Produkt oder das Produktionsverfahren und erstellen das Gut in der Folge selbst. Man spricht in diesem Zusammenhang von einem Produktzyklus: In der Entwicklungsphase des Produkts hat das entwickelnde Land eine Monopolstellung. In der Ausreifungsphase, in der die Gesetze der Massenproduktion genutzt werden können, geht der Vorsprung des ersten Landes oft verloren, weil andere Länder in den mechanisierten Massenproduktionsverfahren Vorteile haben können. Beispiele sind die in den USA entwickelten Transistorradios und elektronischen Taschenrechner, die von europäischen Ländern und Japan imitiert werden und dort wegen geringerer Lohnkosten billiger produziert werden können.

(3) Kurzfristige Nicht-Verfügbarkeit

Nicht-Verfügbarkeit dieser Art entsteht durch nicht-parallelen Konjunkturverlauf in den einzelnen Ländern. Herrscht beispielsweise im Inland Hochkonjunktur mit voller Beschäftigung aller Faktoren, kann kurzfristig das Angebot nicht ausgedehnt werden. Inländische Nachfrager werden deshalb die im Inland nicht beschaffbaren Güter im Ausland kaufen, was immer dann möglich ist, wenn im Ausland brachliegende Kapazitäten für Exportzwecke zur Verfügung stehen.

Schließlich kommt es auch noch zu kurzfristiger Nicht-Verfügbarkeit auf Grund unvorhergesehener Produktionsausfälle, wie z. B. durch Streiks oder Mißernten. Ein Teil der Exporte der Bundesrepublik nach Italien und England kann so erklärt werden, ebenso die Weizenlieferungen der USA und Kanadas in die Sowjetunion.

b) Unterschiedliche Preise der Güter

Während die unter a) aufgeführten Güter gehandelt wurden, weil sie in den importierenden Ländern nicht verfügbar waren, gilt es jetzt zu erklären, warum Güter gehandelt werden, die überall verfügbar sind. Die gebräuchlichste Erklärung weist auf die Existenz von Preisunterschieden hin. Inländische Produzenten verkaufen ihre Produkte im Ausland, wenn sie dort höhere Preise als im Inland erzielen. Inländische Nachfrager importieren Güter, wenn deren Marktpreise im Ausland unter denen des Inlandes liegen.

Worauf aber sind Preisunterschiede zurückzuführen? Die Unterschiede können auf der Nachfrage- oder auf der Angebotsseite liegen. So mag der Inlandspreis eines Gutes deshalb über dem Auslandspreis liegen, weil die Inländer dieses Gut in hohem Umfang nachfragen, die Ausländer hingegen nicht. So wird man in Ländern mit hohem Pro-Kopf-Einkommen nach dem Engel'schen Gesetz mit relativ geringerer Nachfrage nach Nahrungsmitteln rechnen können als in Ländern mit geringeren Pro-Kopf-Einkommen. Anderseits mag es sein, daß inländische Anbieter ein Produkt nur zu höheren Preisen als Ausländer anbieten können, weil inländische Produzenten Kostennachteile gegenüber der Auslandskonkurrenz haben. Derartige Kostennachteile bei bestimmten Produkten hat ein Land dann, wenn es in der Produktion dieser Güter entweder mehr Produktionsfaktoren benötigt als ein anderes Land (Produktivitätsunterschiede), oder aber teurere Faktoren einsetzen muß (Faktorpreisunterschiede). So wird z. B. dieser letzte Punkt in jüngerer Zeit oft genannt, wenn wegen der starken Lohnerhöhungen die deutschen Exportchancen für die Zukunft skeptischer als früher eingeschätzt werden.

c) Präferenz bestimmter Güter

Es kommt vor, daß Güter, die im In- und Ausland verfügbar und im Inland billiger sind, dennoch im Ausland gekauft werden. Mit Hilfe der Nicht-Verfügbarkeits-Hypothese oder der Preis-Hypothese läßt sich derartiger Handel offenbar nicht erklären. Es wird behauptet, unterschiedliche Präferenzen seien für die Existenz derartiger Handelsströme verantwortlich. Was ist damit gemeint?

Mit steigendem Einkommen und wachsendem Wohlstand werden die Nachfragewünsche immer differenzierter. Größer werdende Informationen über Verbrauchsgewohnheiten im Ausland lassen erheblich mehr Güter in den Begehrkreis inländischer Konsumenten gelangen. Die Produzenten entsprechen diesen Entwicklungen durch Ausweitung ihrer Produktpaletten und betreiben Produktdifferenzierung. Als Folge verliert der Preis seine dominierende Stellung für die Lenkung der Konsumentenwünsche. Um ein, in seinen Augen, besonderes (ausländisches) Produkt zu erhalten, nimmt der inländische Konsument sogar Preisnachteile in Kauf, Ausdruck seiner besonderen Präferenz für jenes Produkt. So kaufen z. B. Inländer ausländische Autos, Modeartikel, Rundfunkgeräte und Uhren, obgleich vergleichbare Inlandsprodukte billiger sind. Schätzungen weisen darauf hin, daß nahezu die Hälfte des Handels zwischen Industrieländern auf diese Ursache zurückgeführt werden kann.

Fragen:

> 2. Welche Gründe gibt es für kurz-, mittel- und langfristige Nichtverfügbarkeit von Gütern in einem Land?
>
> 3. Welche Ursache hat der Import von Gütern, die im Ausland teurer als im Inland sind?

2. Die Theorie der komparativen Kosten

Lernziel:

> Bei der Durcharbeitung dieses Unterabschnitts sollen Sie lernen,
> — was absolute und komparative Kostenvorteile bei der Güterproduktion sind,
> — in welcher Richtung Spezialisierung der Güterproduktion im In- und Ausland erfolgt und
> — worauf internationale Kostenunterschiede zurückzuführen sind.

Von den unter 1. genannten Ursachen des internationalen Handels stehen seit jeher die auf Kostenunterschieden basierenden Preisdivergenzen im Mittelpunkt der Betrachtung. Die bahnbrechenden Arbeiten auf diesem Gebiet stammen von David Ricardo (1817) und Bertil Ohlin (1933).

Diese Autoren bedienen sich, um die Analyse möglichst einfach zu halten, der Annahmen der vollständigen Konkurrenz, der Vollbeschäftigung der Produktionsfaktoren, flexibler Güter- und Faktorpreise. Um die internationalen Tauschbeziehungen deutlich hervortreten zu lassen, abstrahieren sie auch von der Existenz des Geldes. Wegen dieser letzten Annahme bezeichnet man diesen Teil der Außenwirtschaftstheorie als „güterwirtschaftliche" oder „realwirtschaftliche" oder **„reale Theorie"**, wohingegen die Einbeziehung des Geldes uns zur „monetären" Außenwirtschaftstheorie oder **„Zahlungsbilanztheorie"** führt.

a) Absoluter und komparativer Kostenvorteil

Zur Vereinfachung reduzieren wir die Zahl der Handelspartner auf zwei, Inland (I) und Ausland (A), und die Zahl der gehandelten Güter ebenfalls auf zwei, Weizen (W) und Tuch (T), die beispielhaft für landwirtschaftliche und industrielle Produkte stehen können. Das Zahlenbeispiel der Tab. 5 skizziere die Produktionsbedingungen:

Tab. 5: Produktionsbedingungen I

	Inland	Ausland
Weizen	50	100
Tuch	100	80

Tab. 6: Produktionsbedingungen II

	Inland	Ausland
Weizen	50	150
Tuch	100	120

Sind alle Produktionsfaktoren in der Weizenproduktion beschäftigt, können im Inland 50 Mengeneinheiten (ME), im Ausland 100 ME Weizen produziert werden. Sind stattdessen alle Faktoren des jeweiligen Landes in der Tuchindustrie tätig, können 100 ME Tuch im Inland, 80 ME Tuch im Ausland produziert werden. Die Maximalproduktionen belaufen sich also auf 50 ME Weizen oder 100 ME Tuch im Inland, auf 100 ME Weizen oder 80 ME Tuch im Ausland.

Da das Ausland mehr Weizen als das Inland, das Inland aber mehr Tuch als das Ausland produzieren kann, spricht man von einem **absoluten** Vorteil des Auslandes in der Weizen-, des Inlandes in der Tuchproduktion. Läge die Auslandsproduktion um 50 % höher (Tab. 6), hätte das Ausland (Inland) bei beiden Gütern einen absoluten Vorteil (Nachteil), da es von beiden Gütern mehr (weniger) als das Inland (Ausland) produzieren kann.

Der absolute Vorteil des Auslandes in der Tuchindustrie ist jedoch gemessen am absoluten Vorteil in der Weizenproduktion vergleichsweise gering, kann es doch nur 1,2mal soviel Tuch, aber 3mal soviel Weizen wie das Inland produzieren. Das Ausland hat demnach trotz absoluten Vorteils in der Tuchproduktion dort einen **komparativen** Nachteil. Umgekehrt hat das Inland in der Tuchindustrie trotz absoluten Nachteils einen komparativen Vorteil, weil sein absoluter Nachteil hier geringer ausfällt als in der Weizenproduktion.

Auf der Basis der Opportunitätskostenidee lassen sich aus den nationalen Mengenverhältnissen leicht die nationalen Preis- und Kostenverhältnisse ablesen. So folgt aus Tab. 5 und den alternativen Produktionsmengen von 80 ME Tuch oder 100 ME Weizen im Ausland, daß dort die „Kosten" der Produktion von 80 ME Tuch im Verzicht auf die Produktion von 100 ME Weizen liegen, 1 ME Tuch mithin 1,25 ME Weizen „kostet". Analog „kostet" die Produktion von 100 ME Tuch im Inland die Aufgabe von 50 ME Weizen, so daß eine ME Tuch 0,5 ME Weizen „kostet". Das nationale „Kostenverhältnis" — und damit wegen der Annahme vollständiger Konkurrenz — auch das nationale Preisverhältnis ist gleich dem Kehrwert des nationalen Mengenverhältnisses:

$$\frac{P_T}{P_W} A = 1,25 = \frac{100 \text{ ME Weizen}}{80 \text{ ME Tuch}} ; \qquad \frac{P_T}{P_W} I = 0,50 = \frac{50 \text{ ME Weizen}}{100 \text{ ME Tuch}} ;$$

(P_T = Preis des Tuches, P_W = Preis des Weizens, T = relativer, d. h. in Weizeneinheiten gemesser Tuchpreis = Preisverhältnis).

Diese Interpretation von „Kosten" nennt man Verzicht- oder Alternativ- oder **Opportunitätskosten.** Gottfried Haberler hat das Konzept in der Außenhandelstheorie eingeführt.

Da der relative Tuchpreis im Inland niedrig (0,50), im Ausland hoch (1,25) ist, hat das Inland einen komparativen Vorteil in der Tuch-, das Ausland in der Weizenproduktion. Die Theorie der komparativen Kosten behauptet nun, daß sich in solchen Fällen das Inland auf die Tuch-, das Ausland auf die Weizenproduktion spezialisiert. Kann aber eine derartige, auf „komparative" Vorteile abstellende Theorie eine Realität erklären, in der sich Exporteure und Importeure an den „absoluten" Kosten und Preisen orientieren? Diese Frage ist zu bejahen, denn in längerfristiger Betrachtung können absolute Kosten- und Preisvorteile nur bei solchen Produkten existieren, die mit komparativem Kostenvorteil erstellt werden.

Beispiel:

Nehmen wir an, daß die absoluten Preise im Inland bei 3,00 (P_T) und 6,00 (P_W), im Ausland bei 2,50 (P_T) und 2,00 (P_W) liegen, so liegt zwar der relative Tuchpreis im Inland (0,50) niedriger als im Ausland (1,25), dennoch wird, wegen der Orientierung an den absoluten Preisen, das Ausland beide Produkte exportieren, weil beide Produkte absolut billiger als im Inland sind. Diese Situation kann jedoch wegen der Annahme flexibler Preise nicht lange Bestand haben: Da sich die Nachfrage des Inlandes auf Auslandsprodukte richtet, kommt es im Inland zu Angebotsüberhängen und folglich zu Preissenkungen. Im Ausland dagegen steigen die Preise, weil Auslands- und Inlandsnachfrage sich auf das knappe Auslandsangebot richten. Die Preisbewegungen halten solange an, wie ein Land noch beide Produkte exportiert. Sie kommen zu Ende, wenn etwa die Inlandspreise um 10 % gesunken, die Auslandspreise um 10 % gestiegen sind. Dann liegen die Inlandspreise bei 2,70 (P_T) und 5,40 (P_W), die Auslandspreise bei 2,75 (P_T) und 2,20 (P_W). Das Inland kann jetzt sein mit komparativem Vorteil erstelltes Produkt, Tuch, exportieren, das Ausland hat seinen absoluten Preisvorteil bei diesem Gut, das es mit komparativem Nachteil erzeugt, verloren.

Ergebnis:

Wir halten das Ergebnis fest, daß die Orientierung an den „komparativen" Kosten zum gleichen Ergebnis führt wie die in der Realität zu beobachtende Orientierung an den „absoluten" Kosten und Preisen, wenn flexible Preise und eine längerfristige Betrachtung angenommen werden.

b) Richtung und Vorteilhaftigkeit der Spezialisierung

Überträgt man die Produktionsbedingungen des Inlandes lt. Tab. 5 in ein Diagramm, das die jeweiligen Produktmengen auf den Achsen ausweist, erhält man Abb. 1.

Abb. 1: Die Transformationskurve

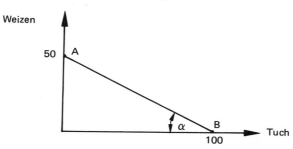

Durch das Zahlenbeispiel sind zunächst nur die Achsenabschnitte 100 ME Tuch, 50 ME Weizen bestimmt. Diese Produktmengen ergeben sich, wenn alle Faktoren in dem jeweils produzierenden Sektor eingesetzt sind. Sind jedoch ein Teil der in der Volkswirtschaft verfügbaren Faktoren in der Weizen-, der andere Teil in der Tuchproduktion eingesetzt, kommen Produktmengen-Kombinationen zustande, die, so wollen wir annehmen, alle auf der Geraden AB liegen. Die Gerade gibt die alternativen Produktionsmöglichkeiten einer Volkswirtschaft an. Sie heißt deshalb auch **Produktionsmöglichkeitenkurve.** Wegen der Annahme der Vollbeschäftigung werden nur Punkte *auf* der Kurve verwirklicht. Produktionsmengenkombinationen, die außerhalb der Kurve liegen, sind mit dem gegebenen knappen Faktorbestand nicht erreichbar, Kombinationen, die innerhalb liegen, bedeuten eine Nicht-Vollauslastung der Faktoren und sind daher ineffizient. Bewegungen auf der Kurve zeigen, auf wieviel ME eines Gutes eine Volkswirtschaft verzichten muß, wenn sie die Produktion eines anderen Gutes steigert. So gesehen gibt die Kurve die Transformationsbedingungen, d. h. die Umtauschmöglichkeiten von einem Gut in das andere an. Daher nennt man sie auch **Transformationskurve.**

Das Anstiegsmaß der Geraden kommt im Tangens des Winkels α (tanα) zum Ausdruck. Dieser gibt die mengenmäßige Austauschrelation Weizen : Tuch = 50 : 100 an. Wir wissen nun aber, daß diese Relation gleich dem umgekehrten Kosten- und Preisverhältnis ist. Also kommt im Anstiegsmaß der Kurve, dem tanα, das Kosten- und Preisverhältnis zum Ausdruck. Somit gilt Weizen : Tuch = P_T : P_W = 0,5 = tanα. *Je steiler die Kurve verläuft, desto höher ist der relative, d. h. auf den Weizenpreis bezogene Tuchpreis, weil man in diesem Fall viele Weizen-ME aufgeben muß, um nur eine Tuch-ME mehr zu produzieren.* Damit steht uns im Anstiegsmaß der Kurve ein anschauliches Maß für das Preisverhältnis, den relativen Tuchpreis, zur Verfügung.

Welcher Punkt auf der Transformationskurve kommt zustande, d. h. welche der vielen Produktionsmöglichkeiten, welche Produktionsstruktur wird die Volkswirtschaft wählen? Diese Frage läßt sich nur beantworten, wenn man die Nachfrage, die Konsumtionswünsche also, mit in die Betrachtung einbezieht. Präferieren die Nachfrager relativ stark Tuch, wird der Produktionspunkt auf dem unteren Kurvenabschnitt, bei starker Weizenpräferenz auf dem oberen Kurvenabschnitt liegen. In jedem Fall wird damit zu rechnen sein, daß in Autarkie, d. h. vor Aufnahme irgendwelcher Handelsbeziehungen, *beide* Güter produziert werden.

Bezieht man das Ausland mit in die Betrachtung ein, ergibt sich Abb. 2. Die ausländischen Produktionsbedingungen kommen in der Transformationskurve CD, die Produktionsbedingungen des Inlands in AB zum Ausdruck. Die steiler verlaufende ausländische Transformationskurve zeigt den höheren relativen Tuchpreis im Ausland an. Folglich hat das Inland einen komparativen Vorteil in der Tuch-, das Ausland in der Weizenproduktion. Spezialisierung ist unter diesen Umständen lohnend.

Wir wollen annehmen ,daß die Produktions- und Konsumpunkte, die in Autarkie identisch sein müssen, im Ausland in R, im Inland in Q liegen. Eine derartige Konstellation ist zu erwarten, wenn die Nachfrager in beiden Ländern ähnliche

Präferenzen haben. Im Inland wird dann viel Tuch, im Ausland viel Weizen nachgefragt, weil diese Produkte im jeweiligen Land billig sind.

Nach Öffnung der Grenzen und Aufnahme von Handelsbeziehungen komme ein Weltmarkt-Preisverhältnis 1 : 1 zustande. Es kommt im Anstiegsmaß der Weltmarkt-Preisgeraden CB (tanβ = 1) zum Ausdruck. Da der relative Tuchpreis am Weltmarkt (1,00) höher als die relativen Tuchkosten im Inland (0,50), niedriger als die relativen Tuchkosten im Ausland (1,25) liegt, lohnt für das Inland eine Spezialisierung auf Tuch, für das Ausland auf Weizen. Die Ausdehnung der Tuchproduktion im Inland kostet 0,50 ME Weizen pro ME Tuch, für die man am Weltmarkt 1 ME Weizen erlöst, so daß pro exportierter Tuch-ME ein **Spezialisierungsgewinn** in Höhe von 0,50 ME Weizen anfällt. Die Ausdehnung der Weizenproduktion im Ausland kostet 0,80 ME Tuch pro ME Weizen, für die man am Weltmarkt 1 ME Tuch erlöst, so daß pro exportierter Weizen-ME ein Spezialisierungsgewinn für das Ausland in Höhe von 0,20 ME Tuch anfällt. Die Spezialisierung wird in beiden Ländern solange vorangetrieben, bis ausschließlich das Exportgut produziert wird. Die Wohlstandsgewinne aus der Spezialisierung erreichen dann ihr Maximum.

Abb. 2: Spezialisierungsrichtung und Wohlstandsgewinne

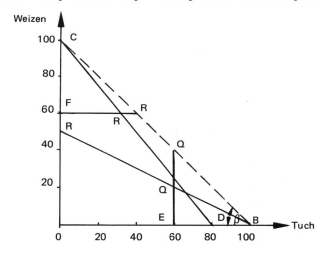

Um geometrisch zu veranschaulichen, wieviel Import-ME die Länder für ihren Export erhalten, nehmen wir die neuen Konsumpunkte mit Q' und R' an. Das Inland importiert dann EQ' Weizen gegen Hergabe von EB Tuch, das Ausland FR' Tuch gegen CF Weizen.

Die Spezialisierung auf das mit komparativem Vorteil erstellte Produkt erweist sich für beide Länder als vorteilhaft, da beide für ihre Exporte vom Handelspartner mehr Güter erhalten als sie bei Verzicht auf Export in nationaler Produktion hätten erzeugen können. Daraus folgt das Theorem (der Lehrsatz) von den komparativen Kosten:

Außenhandel ist dann gewinnbringend, wenn sich ein Land auf jene Produkte spezialisiert, in deren Produktion es komparative Kostenvorteile aufweist.

Die Wohlstandsgewinne, die Spezialisierung und Handel mit sich bringen, kommen in Abb. 2 in den Strecken QQ′ für das Inland, RR′ für das Ausland zum Ausdruck. Die Konsumpunkte Q′ und R′ liegen außerhalb der nationalen Transformationskurven, die das „Konsum- und Wohlstandsmaximum" bei Autarkie beschreiben. Die Höhe der Gewinne, die Vorteilhaftigkeit des Handels, hängt offensichtlich von der Höhe des Weltmarkt-Preisverhältnisses ab: Läge das Weltmarkt-Preisverhältnis, d. h. der relative Tuchpreis am Weltmarkt, bei 0,80 statt bei 1,00, erhielte das Inland für einen Tuchexport von 40 ME nur 32 ME Weizen, das Ausland dagegen erhielte für einen Weizenexport von 40 ME 50 ME Tuch. Läge der relative Tuchpreis am Weltmarkt gar nur bei 0,50, wäre Außenhandel für das Inland nicht lohnend, da es bei diesem Preis Weizen am Weltmarkt genauso teuer bezahlen muß wie es ihn in eigener Produktion hätte erzeugen können. Käme dennoch Außenhandel zustande, lägen alle Wohlstandsgewinne beim Ausland.

Soll Außenhandel für beide Handelspartner lohnend sein, muß das Weltmarkt-Preisverhältnis zwischen den nationalen Kostenverhältnissen liegen.

Ergebnis:

1. Außenhandel wird lohnend, wenn komparative Kostenunterschiede zwischen den Ländern bestehen.

2. Jedes Land spezialisiert sich auf die Produkte, in deren Erzeugung es einen komparativen Kostenvorteil hat.

3. Die Verteilung der außenhandelsinduzierten Wohlstandsgewinne zwischen den Handelspartnern wird durch das zustande kommende Weltmarkt-Preisverhältnis determiniert.

Von großer wirtschaftspolitischer Bedeutung ist das Ergebnis 3. Dieses macht deutlich, daß Handelsgewinne recht ungleich verteilt sein können. Raoul Prebisch hat die These vertreten, daß das Verhältnis von Export- zu Importgüterpreisen, die **Terms of Trade** (der relative Tuchpreis für das Inland in unserem Beispiel) sich langfristig zuungunsten der Entwicklungsländer verändert. Damit müßten die Entwicklungsländer immer größere Mengen exportieren, um ein konstantes Importvolumen bezahlen zu können.

Prebisch hat seine These empirisch für den Außenhandel Englands mit seinen Kolonien zwischen 1876 und 1947 belegt. Für die Zeit nach dem zweiten Weltkrieg läßt sich seine These jedoch nur noch eingeschränkt halten. Die Terms of Trade sind in dieser Zeit bis 1980 für die Summe der Entwicklungsländer etwa konstant geblieben, mit leichter Verbesserungstendenz sogar seit Mitte der 70er Jahre, seit 1980 verschlechtern sie sich jedoch. Diese Globalentwicklung verdeckt jedoch zwei Besonderheiten:

(1) Die Gruppe der **Entwicklungsländer** ist **nicht homogen.** Es gibt sehr arme, relativ arme und die reichen, Erdöl produzierenden Länder. So verdeckt die leichte Verbesserung der Terms of Trade in den Jahren bis 1980 für die Entwicklungsländer insgesamt die enorme Verbesserung der Terms of Trade für die Ölproduzenten bei verschlechterten Terms of Trade für den Rest der Entwicklungsländer.

(2) **Kurzfristige Schwankungen** der Terms of Trade – knappheitsbedingter Preisanstieg bei Mißernten, Preisverfall wegen Überangebots bei guten Ernten – kommen häufiger vor und erschweren eine kontinuierliche Wirtschaftsentwicklung. Daher werden von den Entwicklungsländern internationale Abkommen zur Preis- und Erlösstabilisierung vorgeschlagen.

c) Die Determinanten von Kostenunterschieden

Auf die einleitend gestellte Frage, warum Handel getrieben wird, hatten wir Nicht-Verfügbarkeiten, Preisunterschiede und Präferenzen als ursächlich für Handelsbeziehungen genannt. Die internationalen Preisunterschiede wurden anschließend auf komparative Kostenunterschiede zurückgeführt, und es wurde nach den Spezialisierungswirkungen dieser Kostenunterschiede gefragt. Was aber sind die Ursachen international divergierender Kosten? Warum war Tuch im Inland relativ billiger als Weizen, und warum war es im Ausland umgekehrt?

(1) Produktivitätsunterschiede (Ricardo)

Eine Ursache für Kostenunterschiede zwischen In- und Ausland liegt in komparativen Produktivitätsdifferenzen zwischen den Ländern.

Die **Produktivität** ist definiert als Produktmenge : Faktoreinsatz bzw. als Produktmenge : Arbeitseinsatz, wenn Arbeit einziger Produktionsfaktor ist. Im letzten Fall spricht man von der „Arbeitsproduktivität". Sie ist hoch, wenn wenig Arbeit erforderlich ist, um eine bestimmte Produktmenge zu erstellen, oder wenn mit einer bestimmten Arbeitsmenge eine hohe Produktion möglich ist. In jedem Fall sind dann Durchschnittskosten und Preis niedrig.

Nimmt man beispielsweise für die der Tab. 5 zugrundeliegenden Produktmengen einen Arbeitseinsatz von 20 Arbeitskräften an, kann man mit einer Arbeitskraft im Inland 5 ME Tuch oder 2,5 ME Weizen, im Ausland 5 ME Weizen oder 4 ME Tuch produzieren. Die Arbeitsproduktivität in der Tuchindustrie ist im Inland doppelt so hoch wie in der Weizenproduktion, im Ausland nur 0,8mal so hoch. Der komparative Preisvorteil des Inlandes in der Tuchproduktion ist auf einen komparativen Produktivitätsvorteil in dieser Branche zurückgeführt, und es folgt das Produktivitätstheorem:

Ein Land exportiert jene Produkte, in deren Erzeugung es komparative Produktivitätsvorteile hat.

Worauf lassen sich nun aber Produktivitätsunterschiede zurückführen? Der relative Produktivitätsvorteil des Auslandes in der Weizenproduktion mag mit ertragreicheren Böden oder geeigneteren klimatischen Bedingungen oder höherem Mechanisierungsgrad in der Landwirtschaft zusammenhängen. Die Produktivitätsvorteile des Inlandes in der Tuchproduktion könnten auf besser ausgebildete, qualifiziertere Arbeitskräfte oder bessere technische Produktionsverfahren zurückgeführt werden. Diese Begründungen zeigen schon, daß das Abstellen auf einen einzigen Produktionsfaktor, Arbeit, mit Nachteilen behaftet ist. Denn zur Erklärung differierender Arbeitsproduktivitäten müssen andere Produktionsfaktoren wie Boden und Kapital herangezogen werden. Daher basieren die modernen Versionen der Außenhandelstheorie auf Ansätzen, die sich auf mindestens zwei Produktionsfaktoren stützen. Dabei verwendet man Arbeit und Kapital, wenn Handelsbeziehungen zwischen Industrieländern, Arbeit und Boden, wenn Handelsbeziehungen zwischen typischen Agrarländern im Mittelpunkt der Betrachtung stehen.

(2) Unterschiedliche Faktorausstattung (Heckscher-Ohlin)

Untersucht man Außenhandelsbeziehungen an Hand dieser realistischeren Zwei-Faktoren-Modelle, stößt man auf eine zweite Ursache für divergierende komparative Kosten zwischen den Ländern. Sie liegt in unterschiedlichen Ausstattungsverhältnissen der Handelspartner mit Produktionsfaktoren und ist unter dem Namen „Faktorproportionentheorem" geläufig.

Beispiel:

Verfügt das Inland nur über wenig Arbeitskräfte, aber einen hohen Kapitalbestand, ist Arbeit im Vergleich zum Kapital knapp und der Preis der Arbeit, der Lohn, im Vergleich zum Preis des Kapitals, dem Zins, hoch. Nimmt man weiter an, daß die Tuchproduktion kapitalintensiv, die Weizenproduktion hingegen arbeitsintensiv ist, nutzt die Tuchindustrie viel Kapital, die Weizenproduktion viel Arbeit. Da aber Kapital billig, Arbeit teuer ist, muß die Tuchproduktion relativ billig und der relative Tuchpreis im Inland niedrig sein. Nimmt man die umgekehrte Faktorausstattung für das Ausland an, Reichtum an Arbeitskräften, Mangel an Kapital, ist dort Arbeit billig und der relative Weizenpreis niedrig. Im Ergebnis haben wir wie früher komparative Kostenvorteile des Inlandes in der Tuch-, des Auslandes in der Weizenproduktion.

Daraus folgt das Faktorproportionentheorem:

Ein Land wird sich auf die Produktion jenes Gutes spezialisieren, in dessen Erzeugung der in diesem Land relativ reichlich vorhandene Faktor überwiegt.

Ergebnis:

1. Die wichtigsten Ursachen für die Existenz des internationalen Handels sind Nicht-Verfügbarkeiten ausländischer Produkte, Preisunterschiede zwischen in- und ausländischen Produkten und Präferenzen für ausländische Produkte.

2. Spezialisierung und Handel werden lohnend, wenn komparative Preisunterschiede zwischen den Ländern bestehen.

3. Wichtigster Grund für komparative Preisvorteile sind komparative Kostenvorteile. Diese sind entweder in Produktivitätsvorteilen oder unterschiedlichen Faktorproportionen begründet.

4. Die Richtung der Spezialisierung wird durch die komparativen Vorteile bestimmt.

5. Die Verteilung der Wohlstandsgewinne aus dem Außenhandel zwischen den Handelspartnern hängt von dem sich am Weltmarkt herausbildenden Austauschverhältnis (Preisverhältnis), den Terms of Trade ab.

Fragen:

4. Das Inland produziert maximal 120 ME Weizen oder 90 ME Tuch. Im Ausland werden dagegen maximal 80 ME Weizen erzeugt. Wie groß muß im Ausland die maximale Tuchproduktion mindestens sein, damit das Ausland a) einen absoluten und b) einen komparativen Vorteil in der Tuchproduktion besitzt?

5. Was ist eine Transformationskurve?

6. Welche Rolle spielen die Terms of Trade für die Bestimmung der Wohlstandsgewinne aus dem Außenhandel?

7. Worin liegen die Ursachen internationaler Kostenunterschiede begründet?

8. Was besagt das Faktorproportionentheorem?

9. Wie hoch wäre die Weltproduktion an beiden Gütern, wenn im Beispiel der Tab. 5 jedes Land jeweils die Hälfte der maximalen Mengen eines jeden Gutes erzeugen würde?

10. Um wieviel steigt in diesem Fall durch den Freihandel die Weltproduktion nach Handelsaufnahme und Spezialisierung?

II. Die Politik des internationalen Handels

Lernziel:

Nach Durcharbeitung dieses Abschnitts sollen Sie die Vorteile des Freihandels und die Begründungen und Wirkungen von Zöllen kennen.

Im letzten Kapitel wurde gezeigt, daß ein freier, unreglementierter Handel für alle Handelspartner höhere Konsummöglichkeiten eröffnet. Aus dieser Erkenntnis leitet sich das handelspolitische Postulat des **Freihandels** ab. Es läßt sich zeigen, daß der Freihandel die Maximierung der Produktion und damit auch des Konsums der Welt als Ganzes garantiert. Um so mehr bedarf es der Begründung, wieso die alternative handelspolitische Strategie, der **Protektionismus,** in der wirtschaftlichen Realität so verbreitet ist.

1. Freihandel

Bei freiem internationalen Handel garantieren die Marktkräfte das Erreichen eines **Produktionsmaximums** für die Welt als Ganzes:

Da das Weltmarkt-Preisverhältnis zwischen den nationalen Kostenverhältnissen liegt, ist in jedem Land der relative Preis des Gutes, das das Land mit komparativem Vorteil erzeugt, niedriger als der relative Weltmarktpreis. Für jede exportierte Mengeneinheit erhalten die Länder mehr Güter im Tausch als sie in nationaler Produktion hätten erzeugen können. Daher werden sie sich in maximal möglichem Umfang spezialisieren. Sie werden die Produktion des mit komparativem Nachteil erstellten Produktes völlig aufgeben. Der Marktmechanismus wird, wenn seine Funktionsweise nicht beeinträchtigt ist, dieses Ergebnis ohne wirtschaftspolitische Eingriffe zustande bringen. Das Resultat ist eine weltwirtschaftlich optimale Arbeitsteilung.

Jedes Abgehen von der völligen Spezialisierung würde zu Produktionsverlusten für die Welt als Ganzes führen. Nehmen wir z. B. an, das Inland produziere statt 100 ME Tuch nur 80 ME Tuch und zusätzlich 10 ME Weizen, das Ausland statt 100 ME Weizen nur 90 ME Weizen und 8 ME Tuch. Die weltweite Weizenproduktion hat dann die gleiche Höhe (100) wie bei völliger Spezialisierung, die Tuchproduktion liegt jedoch um 12 ME niedriger. Der Grund für den Produktionsverlust liegt in der unteroptimalen Arbeitsteilung. In beiden Ländern sind Arbeitskräfte in Branchen beschäftigt, in denen kostenungünstiger als im anderen Land produziert wird.

Die für die Aufnahme von Handelsbeziehungen ursächliche Diskrepanz zwischen relativem Weltmarktpreis und relativen nationalen Kosten eines Gutes führt allerdings nur dann zu völliger Spezialisierung, wenn man, wie wir bisher, annimmt, daß die Spezialisierung die relativen Kosten des Gutes, dessen Produktion ausgeweitet wird, nicht ansteigen läßt. So kostete im Inland jede im Zuge der Spezialisierung zusätzlich produzierte und exportierte ME Tuch immer 0,5 ME Weizen. Nimmt man hingegen an, daß zusätzliche Tucheinheiten die Aufgabe immer größer werdender Weizeneinheiten verlangen, lohnt die Spezialisierung nur soweit, bis, bei einem Weltmarkt-Preisverhältnis von 1 : 1, die letzte Tucheinheit die Aufgabe gerade einer Weizeneinheit kostet. Darüber hinausgehende Spezialisierungen wären unökonomisch, weil sie zusätzlich produzierte und exportierte Tucheinheit mehr Weizeneinheiten kostet als am Weltmarkt für die Tucheinheit erlöst werden. Unter solchen produktionstheoretischen Bedingungen dehnen die Länder die Produktion des Gutes, auf das sie sich spezialisieren, nur soweit aus, bis das nationale Kostenverhältnis dem Weltmarkt-Preisverhältnis gleich ist. Da aber das Weltmarkt-Preisverhältnis für beide Länder gleich ist, müssen die nationalen Kostenverhältnisse ebenfalls weltweit gleich sein. Damit aber muß auch die internationale Arbeitsteilung optimal sein. Gehen wir von dieser Optimalsituation ab, divergieren die nationalen Kostenverhältnisse, und es resultieren weltwirtschaftliche Produktionsverluste nach Art des obigen Beispiels.

2. Protektionismus

a) Zölle

Das wichtigste Instrument einer protektionistischen Handelspolitik ist der Zoll. *Unter einem Zoll versteht man eine Abgabenbelastung des Außenhandels.* Je nachdem, ob der Export oder der Import belastet wird, unterscheidet man einen Ausfuhr- oder Einfuhrzoll. Bemessungsgrundlage des Zolls kann die gehandelte Menge **(Mengenzoll)** oder der Wert der gehandelten Menge **(Wertzoll)** sein. Wir wollen uns hier auf die Analyse von Importzöllen beschränken, da Exportzölle kaum vorkommen.

(1) Zölle und Weltproduktion

Erhebt das Inland auf sein Importgut Weizen einen Importzoll, steigt der Preis des Importgutes. In der Folge wird das Inland die Weizenproduktion ausdehnen und die Tuchproduktion einschränken. Auf dem Weltmarkt ergibt sich damit ein Angebotsüberhang an Weizen, ein Nachfrageüberhang an Tuch mit der Folge eines sinkenden relativen Weizenpreises. Infolgedessen lenkt das Ausland Produktionsfaktoren von der Weizen- in die Tuchproduktion um. Lag im Ausgangszustand eine Optimalsituation mit einem Produktionsmaximum für die Welt als Ganzes vor, ergibt sich durch die Produktionsumstrukturierung in beiden Ländern eine unteroptimale Situation mit weltwirtschaftlichen Produktionsverlusten.

Was veranlaßt ein Land, einen Zoll zu erheben, und damit, wie gezeigt, Produktionsumschichtungen in nicht optimale Situationen zu veranlassen, bzw. einen bestehenden Zoll nicht abzubauen, und damit Produktionsumstrukturierungen in Richtung auf eine Optimalsituation zu verhindern? Die Gründe können in den zollbedingten Änderungen erstens des Preisverhältnisses (Terms of Trade), zweitens der Produktionsstruktur und drittens makroökonomischer Zielgrößen liegen.

(2) Zölle und Terms of Trade

Durch die zollinduzierte Ausweitung der Weizenproduktion im Inland kommt es zu einem Preisverfall bei Weizen und zu knappheitsbedingtem Preisanstieg bei Tuch am Weltmarkt. Somit verbessert sich das Export/Import-Gut-Preisverhältnis für das Inland. Diese Terms of Trade-Verbesserung erhöht den Wohlstand des Inlandes, weil das Inland nunmehr für die gleiche Menge an Tuch, seinem Exportgut, mehr Weizen am Weltmarkt bekommt.

Dieses Argument, das aus nationaler Sicht zugunsten einer Zollerhebung vorgebracht werden könnte, steht jedoch auf schwachen Füßen:

1. Zu einer Verbesserung der Terms of Trade kommt es nur, wenn das betrachtete Land einen hohen Welthandelsanteil hat.

2. Dem wohlstandssteigernden Effekt einer Verbesserung der Terms of Trade steht der wohlstandsmindernde Effekt des geringeren Handelsvolumens gegenüber.

3. Das Ausland könnte zollpolitisch reagieren **(Retorsionszoll)**.

Neben Wohlstands*niveau*effekten für die Volkswirtschaft als Ganzes rufen Zölle auch Wohlstands*umverteilungs*effekte innerhalb der Volkswirtschaft hervor:

1. Während die vom Zollschutz profitierende Weizenbranche solange Gewinne erzielt, solange ihre Kosten unter dem zollerhöhten Preis liegen, müssen die Konsumenten höhere Preise zahlen.

2. Die Produktionsverlagerung von der Tuch- in die Weizenbranche führt zu einer Mehrnachfrage nach dem Faktor, der im Weizensektor relativ intensiv genutzt wird (z. B. Arbeit), erhöht damit dessen Preis (Lohn) und verändert die Einkommensverteilung zu dessen Gunsten (Lohneinkommensanteil am Gesamteinkommen steigt).

(3) Zölle und Produktionsstruktur

Die Zolleinführung läßt Produktionszweige expandieren, die ohne Zoll nicht expandiert wären, der Verzicht auf Zollabbau läßt Produktionszweige am Markt verbleiben, die ansonsten möglicherweise ausgeschieden wären. Insofern werden Branchen geschützt, und man spricht von einem **Schutzzoll**. Welche Argumente lassen sich für einen Schutzzoll anführen?

1. Aus nationalen Gründen werden Zweige wie die der Landwirtschaft oder der Kohlebergbau geschützt, um die Illusion einer möglichen Selbstversorgung aufrecht zu erhalten.

2. Ist damit zu rechnen, daß in einigen Branchen zu sinkenden Durchschnittskosten produziert wird, daß also die Gesetze der Massenproduktion dort zum Zuge kommen, könnte der Fall eintreten, daß ausländische Anbieter, die nach der Sättigung des ausländischen Marktes bereits bestimmte Größenordnungen erreicht haben, mit noch in der Aufbauphase befindlichen inländischen Anbietern konkurrieren. Bevor inländische Anbieter die Vorteile der Größendegression nutzen könnten, würden sie bereits vom ausländischen Anbieter vom Markt verdrängt. Für solche Situationen wird oft die Erhebung eines Zolles, eines **Erziehungszoll** gerechtfertigt. Man spricht auch vom „infant-industry-Argument", also einer Begründung für den Zollschutz von noch in den Kinderschuhen steckenden Industriezweigen.

(4) Zölle und makroökonomische Ziele

Während bisher die Zollwirkungen auf Preis-, Produktions- und Beschäftigungs*struktur* untersucht wurden, fragen wir jetzt nach den Zollwirkungen auf Preis-, Produktions- und Beschäftigungs*niveau*. Diese Fragestellung sprengt den Rahmen unserer bisherigen Untersuchungen, bei denen wir stets Vollbeschäftigung und konstantes Preis- und Produktionsniveau unterstellt hatten. Gleichfalls geben wir jetzt die seither implizit unterstellte Annahme einer ausgeglichenen Zahlungsbilanz, die durch die flexiblen Güter- und Faktorpreise garantiert war, auf.

Grob gesprochen kann man sagen, daß das Beschäftigungs-, Produktions- und Preisniveau durch die Höhe der im Inland wirksamen Gesamtnachfrage, die Zahlungsbilanz von der Aufteilung der Gesamtnachfrage auf heimische und ausländische Güter bestimmt wird. Eine zollbedingte Umlenkung der Nachfrage von ausländischen auf heimische Güter hat somit sowohl einen beschäftigungspolitischen als auch einen zahlungsbilanzpolitischen Effekt. Wir wollen uns im folgenden auf das beschäftigungs- und zahlungsbilanzpolitische Ziel beschränken und das Preisstabilitätsziel außer acht lassen.

Ein Einfuhrzoll verteuert das Importgut und lenkt damit Nachfrage auf heimische Substitutionsgüter um. Nimmt man an, daß die Wirtschaftssubjekte das

Ausgabenniveau trotz der Preiserhöhung des Importgutes konstant halten, hängt die Beschäftigungswirkung von der Substituierbarkeit zwischen heimischen und fremden Produkten ab. Sind die Substitutionsmöglichkeiten gut, wird der steigende Preis die Nachfrage nach dem Importgut stark reduzieren, so daß das Produkt „Importpreis mal Importmenge = Ausgaben für Importgüter" sinkt. Damit können bei Konstanz der Gesamtausgaben die Ausgaben für heimische Produkte gesteigert werden, die Nachfrage steigt und damit Produktion und Beschäftigung. Sind die Substitutionsmöglichkeiten dagegen schlecht, wird trotz der Preiserhöhung die Nachfrage nach dem Importgut kaum zurückgehen („lebensnotwendige" Konsumgüter wie Tabak und Kaffee und Rohstoffe wie Erdöl und Baumwolle) und die Ausgaben für Importgüter werden steigen. Folglich gehen die Ausgaben für heimische Güter zurück und Produktion und Beschäftigung gehen zurück.

Ein optimistischeres Bild ergibt sich, wenn man unterstellt, daß der Staat die Zolleinnahmen im Inland verausgabt oder die Steuern senkt, so daß die Nachfrage ansteigt. Im Falle guter Substitutionsmöglichkeiten haben wir dann zwei expansive Nachfrageeffekte, im Falle schlechter Substitutionsmöglichkeiten einen kontraktiven privaten und einen expansiven öffentlichen Nachfrageeffekt.

Bezieht man die Exporte mit in die Betrachtung ein, wird das Bild verwirrender: Gehen z. B. Importgüter als Vorprodukte in die Exportgutproduktion ein, verteuert sich wegen des zollbedingten Importpreisanstiegs auch die Exportgutproduktion, und der Export wird infolge der Preiserhöhung sinken. Damit schrumpfen Produktion und Beschäftigung im Exportgutsektor. Schließlich müssen noch die internationalen Rückwirkungen beachtet werden: Wenn auf Grund der zollinduzierten Preiserhöhung des Importgutes die Nachfrage nach diesem Gut sinkt, heißt das, daß der Export des Auslandes entsprechend sinkt, damit schrumpfen dort Produktion, Beschäftigung und Einkommen. Folglich wird das Ausland die Ausgaben und damit auch seine Importausgaben reduzieren, was entsprechend den Export des Inlandes und damit die Beschäftigung im Exportsektor weiter reduziert.

Ergebnis:

Als Ergebnis kann man festhalten, daß weder Produktions- und Beschäftigungswirkungen noch die Zahlungsbilanzwirkungen einer Zollerhebung eindeutig sind. Dabei sind zollpolitische Reaktionen des Auslandes noch nicht einmal berücksichtigt.

(5) Nominal- und Effektivzoll

Durch einen Zoll wird ein inländischer Produzent vor Auslandskonkurrenz geschützt. Gibt es ein Maß für den Grad des Schutzes, den Grad der Protektion? Einen ersten Hinweis auf das Ausmaß des Schutzes liefert die Höhe des **Nominalzolles** auf das importierte Endprodukt: Je höher der Nominalzoll (z. B. 10 %), desto höher der Zollschutz, die Protektion. Muß aber der inländische Anbieter selbst ausländische Vor- und Zwischenprodukte importieren, um sein mit dem Importgut konkurrierendes Produkt zu erstellen, müssen eventuell bestehende Zölle auf diese Vor- und Zwischenprodukte mit in die Betrachtung einbezogen werden. Ein Maß für die nach Abzug der Zollbelastung der Vor- und Zwischenprodukte noch verbleibende Protektion ist die „Effektive Protektion".

Beispiel:

Ein inländischer Zementproduzent möge sein Produkt wie sein ausländischer Konkurrent zum gerade die Durchschnittskosten deckenden Preis von einer DM anbieten. Wird nun der Zementimport mit einem Nominalzoll von 10 % belegt, erhält der inländische Anbieter einen Preiserhöhungsspielraum von 10 %, einen Zollschutz. Wird aber gleichzeitig ein Zoll in Höhe von 20 % auf den Import von Heizöl erhoben, und die Heizölkosten machen 40 % der Gesamtkosten der Zementproduktion aus, liegt der effektive Zollschutz unter dem Nominalzoll auf das Endprodukt Zement. Der mit dem Preiserhöhungsspielraum verbundene Gewinnerhöhungsspielraum wird durch die 8%ige Kostensteigerung reduziert. Läge der Heizkostenanteil an den Gesamtkosten gar bei 50 %, oder der Zoll auf Heizöl bei 25 % oder der Zoll auf das Endprodukt Zement bei 8 %, wäre eine effektive Produktion überhaupt nicht vorhanden.

Im Extremfall kann ein Zoll sogar das Gegenteil eines Schutzes der inländischen Produzenten bewirken, d. h. ihnen einen Preisnachteil gegenüber ihren ausländischen Konkurrenten bringen. Dies wird in unserem Beispiel dann der Fall sein, wenn der Zoll auf das Vorprodukt Heizöl 30 % beträgt. Die Durchschnittskosten steigen dann durch die Zollerhebung um 12 %, während der Preiserhöhungsspielraum durch den Zoll auf das Endprodukt nur 10 % beträgt.

Diese Ausführungen verdeutlichen, daß das Ausmaß der zollbedingten Protektion nicht durch die Zollhöhe auf Endprodukte, sondern vielmehr durch die Zollstruktur, das Verhältnis von End- und Vorproduktzoll, bestimmt wird.

b) Nicht-tarifäre Handelshemmnisse

Andere Handelshemmnisse als Zölle (engl.: Nontariff-barriers to trade) sind meist weniger offenkundig, aber ähnlich „effizient" wie Zölle.

Kontingente sind mengen- oder wertmäßige Obergrenzen für Ex- und Importe. Wird ein Importkontingent verhängt, kann der ausländische Exporteur nicht mehr wie im Falle von Zöllen versuchen, durch Preiszugeständnisse seinen Absatz zu halten. Entsprechend groß ist die Gefahr von Vergeltungsmaßnahmen des Auslands zur Sicherung der dortigen Beschäftigung. Ähnlich wirken **Selbstbeschränkungsabkommen.** So verpflichtete sich z. B. Japan, die Exporte nach USA zu drosseln, um drohenden Einfuhrsperren und -kontingenten zu entgehen.

Behinderungen des Imports kommen weiter zustande durch **Nicht-Zuteilung von Devisen** zur Finanzierung von Importgeschäften, durch bevorzugte staatliche **Auftragsvergabe an Inländer,** durch das Vorschreiben **technischer Standards** für Importprodukte und durch **administrative Hemmnisse** in der Abwicklung des Importgeschäftes.

Umgekehrt existieren auch nicht-wettbewerbskonforme Praktiken, um den Export zu fördern. **Ausfuhrhilfen** werden staatlicherseits gewährt in Form von Steuervergünstigungen, Finanzierungshilfen und Risikoabnahmen. Die Unternehmen selbst versuchen durch Setzung von **Dumpingpreisen** — hier verlangt der Produzent vom ausländischen Nachfrager einen geringeren Preis als vom inländischen Abnehmer — Wettbewerbsvorteile auf den Auslandsmärkten zu erlangen. Anbietern aus sozialistischen Ländern, die prinzipiell nicht zur Kostendeckung gezwungen sind, wird dieser Vorwurf oft gemacht.

Fragen:

11. Was ist ein Erziehungszoll?

12. Wovon hängt es ab, ob ein Importzoll die Beschäftigung belebt oder nicht?

13. Nennen Sie andere Handelshemmnisse als Zölle!

III. Der institutionelle Rahmen

Lernziel:

Nach Durcharbeit dieses Abschnittes sollen Ihnen die einzelnen Abkommen zum Abbau von Handelsrestriktionen geläufig sein.

In der Zeit nach dem zweiten Weltkrieg hat es, in Reaktion auf die Erfahrungen der Zwischenkriegszeit, nicht an Versuchen gefehlt, die Idee des Freihandels wirtschaftspolitische Realität werden zu lassen und vertragliche Regelungen zu schaffen, um die weltwirtschaftlichen Vorteile aus den Möglichkeiten der internationalen Arbeitsteilung zu nutzen. Ziel all dieser Bemühungen war es, Handelsrestriktionen jeglicher Art, seien es Zölle, Kontingente oder andere Handelsbeschränkungen, Schritt für Schritt abzubauen und schließlich ganz aufzuheben. Diese Versuche liefen auf weltweiter, multilateraler und bilateraler Ebene ab.

1. Weltweite Abkommen

a) Das GATT

Das GATT (General Agreement on Tariffs and Trade = Allgemeines Zoll- und Handelsabkommen) trat am 1.1.1948 in Kraft und hat derzeit 92 Mitgliedsländer. Es tritt für bessere materielle Lebensbedingungen durch Ausweitung des Handels ein und fordert zu diesem Zweck den Abbau von Handelshemmnissen. Drei zentrale Regeln haben die Mitgliedsländer zu befolgen:

1. Gewährung der Meistbegünstigung: Alle handelspolitischen Vorteile, die ein Land einem Handelspartner einräumt, muß es auch all seinen anderen Handelspartnern gewähren (Nicht-Diskriminierung).

2. Verbot von Mengenbeschränkungen.

3. Abbau bestehender Handelsbeschränkungen (Liberalisierung).

Für alle drei Regeln werden Ausnahmen aufgeführt, die prinzipielle Einhaltung der Regeln wird jedoch verlangt. Im Rahmen der GATT-Vereinbarungen werden von Zeit zu Zeit Zollsenkungsrunden veranstaltet, deren erfolgreichste die Kennedy-Runde 1964—1967, war. Seit 1986 „läuft" die Uruguay-Runde, die gegen 1990 abgeschlossen sein soll.

b) Die OECD

Die OECD (Organization for Economic Cooperation and Development = Organisation für wirtschaftliche Zusammenarbeit und Entwicklung) wurde 1961 als Nachfolgeorganisation der OEEC (Organization for European Economic Council = Europäischer Wirtschaftsrat), die 1948 zum Wiederaufbau von Europa gegründet wurde, ins Leben gerufen. Mitglieder der OECD sind neben den Mitgliedstaaten der OEEC, der die meisten europäischen Länder angehörten, auch die USA, Kanada, Japan, Australien und andere. Diese Organisation setzt sich ebenfalls für die Ausweitung des Welthandels ein und plädiert für den Abbau von Handelshemmnissen mit besonderer Berücksichtigung der Interessenlage der Entwicklungsländer.

c) Die UNCTAD

Die UNCTAD (United Nations Conference on Trade and Development) wurde durch Beschluß der UN-Vollversammlung vom 30.12.1964 als ständiges Organ der UN eingerichtet. Sie tagt in einem Zyklus von 3—4 Jahren. Die letzte Konferenz, UNCTAD VII, fand 1987 in Genf statt. Ziel der Organisation ist es, die UN-Mitglieder zu Maßnahmen zu veranlassen, die den Entwicklungsländern bessere Wachstums- und Entwicklungschancen eröffnen. Die bekanntesten, in UNCTAD-Konferenzen erhobenen Forderungen sind das 0,7 %-Ziel für öffentliche Entwicklungshilfe, der Integrierte Rohstoff-Fonds zur Preisstabilisierung sowie das Allgemeine System handelspolitischer Präferenzen zugunsten der Entwicklungsländer.

2. Multilaterale Abkommen

a) Die EWG

Die EWG (Europäische Wirtschaftsgemeinschaft) wurde 1958 in Rom gegründet und zählte bei der Gründung die folgenden sechs Mitgliedsländer: Bundesrepublik Deutschland, Frankreich, Italien und die drei Benelux-Länder. 1973 wurde sie um Großbritannien, Irland und Dänemark, 1981 um Griechenland, 1986 um Spanien und Portugal erweitert. Zusammen mit der Europäischen Gemeinschaft für Kohle und Stahl (EGKS) und der Europäischen Atomgemeinschaft (Euratom) bildet die EWG die Europäischen Gemeinschaften (EG).

Aufgabe der Gemeinschaft ist, gemäß Artikel 2 EWG-Vertrag, die Errichtung eines gemeinsamen Marktes. Ein gemeinsamer Markt ist durch Zollfreiheit im Innenverhältnis, einen gemeinsamen Außenzoll gegenüber Drittländern sowie durch Beseitigung aller übrigen Hemmnisse für Güter- und Faktorwanderungen zwischen den Mitgliedsländern gekennzeichnet. Die zollpolitischen Erfordernisse des Vertrages (Zollunion) wurden im Rahmen der 12-jährigen Übergangsphase bis 1969 erfüllt. Der Abbau der anderen Han-

26

delshemmnisse soll bis 1992 vollzogen und damit der freie Waren-, Dienstleistungs-, Personen- und Kapitalverkehr in der Gemeinschaft realisiert sein.

b) Die EFTA

Die EFTA (European Free Trade Association = Europäische Freihandelsunion) wurde 1960 als Pendant zur EWG gegründet. Die heutigen Mitgliedsländer sind Schweden, Schweiz, Österreich, Norwegen und Finnland. Im Unterschied zu einer Zollunion bestehen in einer Freihandelsunion zwar ebenfalls keine Zölle im Innenverhältnis, jedoch hat jedes Land die Autonomie in der Zollfestsetzung gegenüber Drittländern. Mit der EG besteht seit 1973 ein Freihandelsabkommen.

c) Das COMECON

Das COMECON (Council für Mutual Economic Aid = Rat für gegenseitige Wirtschaftshilfe RGW) wurde 1949 als Gegenstück zur OEEC gegründet. Mitglieder sind ausschließlich kommunistische Länder. Dominierendes Land ist die Sowjetunion. Ziel der Vereinigung ist die Intensivierung der wirtschaftlichen Zusammenarbeit dieser Länder, die Steigerung des Fortschritts, der Industrialisierung und der Arbeitsproduktivität. Um die Ziele zu erreichen, bedient man sich der internationalen Arbeitsteilung und des Handels. Damit wird eine internationale Abstimmung der nationalen Volkswirtschaftspläne durch das COMECON erforderlich.

3. Bilaterale Abkommen

Zweiseitige Handelsabkommen mit Vereinbarungen über Handelsbilanzsalden und deren Finanzierungen werden oft geschlossen. Ein derartiges Abkommen besteht z. B. zwischen der DDR und der BRD. Im allgemeinen wird Dritten jedoch nicht die Meistbegünstigung gewährt, so daß Widersprüche zu den GATT-Statuten auftreten.

Frage:

> 14. Was versteht man unter „Meistbegünstigung"?

B. Zahlungsbilanztheorie und Zahlungsbilanzpolitik

In der Theorie des internationalen Handels wurde von der Existenz des Geldes abgesehen. Die internationalen Transaktionen waren Tauschakte von Gütern: Exportgüter wurden gegen Importgüter getauscht. Die Realität der internationalen Transaktionen sieht anders aus: Ausländische Importeure kaufen mit ausländischer Währung ($) inländische Währung (DM) und bezahlen damit die Rechnung ihrer inländischen Lieferanten. Inländische Importeure kaufen zunächst ausländische Währung gegen Inlandswährung und zahlen dem Exporteur in seiner Währung den Rechnungsbetrag. Die Berücksichtigung dieser oder ähnlicher finanzieller Begleiterscheinungen des internationalen Güteraustauschs erfordert die Einbeziehung des Geldes.

Die Modifikationen, die die Berücksichtigung des Geldes mit sich bringen, wollen wir an Hand einer Erweiterung unseres Beispiels der Tab. 5 erläutern. Tab. 7 übernimmt die Gütermengen der Tab. 5 und fügt in- und ausländische Geldbestände in Höhe von z. B. 1000 DM (Inland) bzw. 5000 $ (Ausland) hinzu:

Tab. 7: Die Einbeziehung des Geldes

	Inland	Ausland
Weizen	50	100
Tuch	100	80
Geld	1000 DM	5000 $

Mit 1000 DM kann man im Inland 100 ME Tuch oder 50 ME Weizen kaufen. Folglich kostet eine ME Tuch 10 DM, eine ME Weizen 20 DM. Setzt man die beiden Geldpreise in Verhältnis, 10 DM pro ME Tuch : 20 DM pro ME Weizen, so ergibt sich wieder der aus dem ersten Teil bekannte relative, d. h. in Weizen-ME gemessene Tuchpreis von 0,5.

Die relativen Preise werden also durch die Einbeziehung des Geldes nicht verändert, die Ergebnisse des ersten Teils behalten auch bei Einbeziehung des Geldes ihre Gültigkeit. Andererseits werden durch die Einbeziehung des Geldes Fragen aufgeworfen, die sich im ersten Teil nicht gestellt haben. So ergeben sich aus Tab. 7 Fragen etwa der folgenden Art:

— Welche Zusammenhänge zwischen Geldmenge und Güterpreisen bestehen im In- und Ausland, und wie beeinflussen Änderungen der Geldmenge die Handelsströme?

— Wodurch kommt es zu Geldbewegungen zwischen dem In- und Ausland, und was sind deren Folgen?

— Was bestimmt den Preis (Wechselkurs) des ausländischen Geldes gemessen in inländischem Geld, und welche Folgen resultieren aus Änderungen dieses Preises (Wechselkurses)?

28

Fragen dieser Art sollen in der folgenden **Zahlungsbilanztheorie,** die auch **monetäre Theorie** heißt, diskutiert werden. Während die Theorie des internationalen Handels ausschließlich auf die Untersuchung der Güterströme abstellt, interessiert man sich in der Zahlungsbilanztheorie stärker für die die Güterströme begleitenden und andere finanzielle Transaktionen.

I. Die Zahlungsbilanz

Lernziel:

Nach Durcharbeit dieses Abschnittes sollen Ihnen die Definition und Bestandteile einer Zahlungsbilanz vertraut sein, weiterhin sollen Sie über Fragen des Ausgleichs und des Gleichgewichts einer Zahlungsbilanz Bescheid wissen.

1. Definition

Unter der Zahlungsbilanz versteht man die kontenmäßige Erfassung aller wirtschaftlichen Transaktionen zwischen In- und Ausländern in einer Periode.

Diese Definition ist zunächst zu erläutern:

In dieser Bilanz werden **Transaktionen,** keine Bestände erfaßt. Daher entspricht die Zahlungsbilanz nicht einer Bilanz im betriebswirtschaftlichen Sinne, die Bestandsgrößen aufführt, sondern eher der Gewinn- und Verlustrechnung, die, grob gesprochen, Einnahmen und Ausgaben einer Periode, also Transaktionen, erfaßt.

Inländer sind natürliche und juristische Personen, die ihren (Wohn-)Sitz im Inland haben. Die Nationalität ist unerheblich. So zählen Gastarbeiter und im Inland ansässige Tochterunternehmen ausländischer Firmen als Inländer.

Wirtschaftliche Transaktionen umfassen Tauschaktionen und Schenkungen von Gütern und Forderungen. Man kann

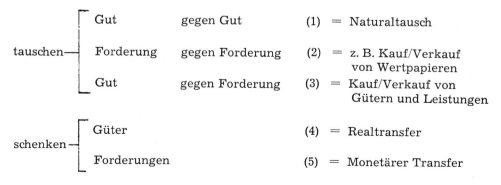

tauschen —
Gut	gegen Gut	(1)	= Naturaltausch
Forderung	gegen Forderung	(2)	= z. B. Kauf/Verkauf von Wertpapieren
Gut	gegen Forderung	(3)	= Kauf/Verkauf von Gütern und Leistungen

schenken —
Güter	(4)	= Realtransfer
Forderungen	(5)	= Monetärer Transfer

Die Transaktionen (1) und (4) sind in den modernen Volkswirtschaften ohne große Bedeutung und bleiben daher im folgenden außer Acht. Die Transaktionen (2), (3) und (5) werden in der Zahlungsbilanz erfaßt, wenn sie sich zwischen In- und Ausländern abspielen. Dabei verändern die Transaktionen (3) und (5) die Höhe der Forderungen, die das Inland dem Ausland gegenüber hat, nicht aber die Transaktionen (2).

2. Bestandteile

Unter dem letztgenannten Aspekt teilt man die Zahlungsbilanz in die **Leistungsbilanz** und die **Kapitalbilanz** (im weiteren Sinn) ein. Die Verbuchung der Transaktionen (3) und (5) berührt beide Teilbilanzen und läßt einen Saldo in der Leistungsbilanz entstehen, der genau dem in der Kapitalbilanz (i. w. S.) entspricht, während die Transaktion (2) in Buchung und Gegenbuchung in der Kapitalbilanz (i. w. S.) erscheint und folglich deren Saldo unverändert läßt.

Die Leistungsbilanz wird weiter in **Handelsbilanz, Dienstleistungsbilanz** und **Übertragungsbilanz** unterteilt. Erstere erfaßt die (Ver-)Käufe von Waren (3), die zweite die (Ver-)Käufe von Dienst- und Faktorleistungen (3) und letztere die unentgeltlichen Leistungen, die zwischen In- und Ausländern getätigt werden (5).

Die Zusammenfassung von Handels- und Dienstleistungsbilanz ergibt auf der Verkaufsseite die Exporte, auf der Kaufseite die Importe. Die Differenz, der Exportüberschuß, heißt auch **Außenbeitrag.**

In der **Kapitalbilanz (i. w. S.)** werden alle Transaktionen erfaßt, die Forderungen und Verbindlichkeiten gegenüber dem Ausland der Höhe nach (3) und (5) und der Struktur nach (2) verändern. Die Kapitalbilanz (i. w. S.) ist in die Kapitalbilanz im engeren Sinn, die einfach **Kapitalbilanz** genannt wird, und die **Devisenbilanz** eingeteilt. Die Veränderungen der Netto-Auslandsforderungen (= Forderungen an das Ausland minus Verbindlichkeiten gegenüber dem Ausland) der Zentralbank wird in der Devisenbilanz, die der Privaten in der Kapitalbilanz erfaßt.

Die Kapitalbilanz ist in der Bundesrepublik Deutschland weiter unterteilt (a) nach Fristigkeit in den langfristigen Kapitalverkehr, der die Direktinvestitionen und die Finanzinvestitionen mit einer Laufzeit von über zwölf Monaten enthält und den kurzfristigen Kapitalverkehr mit Laufzeiten bis zu zwölf Monaten, und (b) nach Akteuren in Transaktionen der Kreditinstitute, anderer Privater und der öffentlichen Hand.

Tab. 8 zeigt die Zahlungsbilanz der Bundesrepublik Deutschland für das Jahr 1986, die Tab. 9 die Zahlungsbilanzentwicklung seit 1975.

Tab. 8: Die Zahlungsbilanz der Bundesrepublik Deutschland
für das Jahr 1986 (in Mrd. DM)

Leistungsbilanz			+ 77
Handelsbilanz		+ 111	
Waren-Ausfuhr	+ 527		
Waren-Einfuhr	− 416		
Dienstleistungsbilanz		− 7	
Übertragungsbilanz		− 27	
Kapitalbilanz			− 65
Langfristig		+ 38	
Private	− 7		
Öffentliche Hand	+ 45		
Kurzfristig		− 103	
Kreditinstitute	− 59		
Wirtschaftsunternehmen	− 43		
Öffentliche Hand	− 1		
Ungeklärte Restposten			− 6
Ausgleichsposten			− 3
Devisenbilanz			− 3

Interpretation:

Einem hohen Überschuß in der Handelsbilanz stehen Defizite in der Dienstleistungsbilanz (z. B. Reiseverkehr) und der Übertragungsbilanz (z. B. Gastarbeiter-Überweisungen) gegenüber. Die Differenz ist der Saldo der Leistungsbilanz, der den Zuwachs der Netto-Forderungen gegenüber dem Ausland angibt. Die Kapitalbilanz zeigt, daß die BRD langfristiges Kapitel aufgrund von DM-Aufwertungserwartungen anzieht, dem Ausland aber zur Finanzierung seines Defizits in Leistungs- und langfristiger Kapitalbilanz kurzfristiges Kapital zur Verfügung stellt.

Eigentlich müßte sich die Summe der Salden aus Kapital- und Leistungsbilanz als Devisenzugang bei der Zentralbank zeigen. Die DM-Aufwertungen und damit die Abwertungen der Auslandswährungen im Jahr 1986 haben jedoch den Wert der von der Zentralbank gehaltenen Devisenreserven schrumpfen lassen (Ausgleichsposten), und Unvollkommenheiten der statistischen Erfassung lassen einen ungeklärt bleibenden Restbetrag (Restposten) auftreten. Somit verbleibt ein Devisenzugang bei der Zentralbank im Wert von 3 Mrd. DM, der, weil die Summe der Salden aller Teilbilanzen gleich null sein muß, ein negatives Vorzeichen aufweist. Ansonsten zeigt ein + (−) einen Geldeingang (Geldausgang) an.

Tab. 9: *Die Entwicklung der Zahlungsbilanz der*
Bundesrepublik Deutschland seit 1975 in Mrd. DM

Jahr	1975	1976	1977	1978	1979	1980	1981	1982	1983	1984	1985	1986
Handelsbilanz	36	34	38	43	23	8	28	53	45	52	72	111
+ Dienstleistungen	– 9	– 8	– 13	9	– 14	– 14	– 16	– 17	– 9	2	3	– 7
+ Übertragungen	– 17	– 16	– 16	– 16	– 20	– 23	– 24	– 26	– 25	– 30	– 30	– 27
= Leistungsbilanz	10	10	9	18	– 11	– 29	– 12	10	11	24	45	77
+ Kapitalbilanz	– 13	– 1	0	5	9	2	6	– 4	– 16	– 37	– 51	– 65
+ Sonderposten	6	– 8	– 7	– 11	– 5	1	7	– 3	3	12	5	9
+ Devisenbilanz	– 3	– 1	– 2	– 12	7	26	– 1	– 3	2	1	1	3
=	0	0	0	0	0	0	0	0	0	0	0	0

Interpretation:

In allen betrachteten Jahren hatte die BRD beachtliche Handelsbilanzüberschüsse, im Rekordjahr 1986 111 Mrd. DM. Mit Ausnahme der Jahre 1979–1981 reichten diese Überschüsse aus, die überwiegenden bzw. permanenten Defizite in Dienstleistungs- und Übertragungsbilanz zu finanzieren. Lediglich im Zuge des zweiten Ölpreisschubs 1979 geriet die Leistungsbilanz ins Defizit, das 1980 mit 29 Mrd. DM sein Maximum erreichte.

Die Kapitalbilanz zeigt, daß die BRD ein typisches Kapitalexportland ist: Die im Leistungsverkehr mit dem Ausland verdienten Nettoauslandsforderungen werden in Form von Direktinvestitionen oder Finanzinvestitionen im Ausland angelegt. Lediglich in den Jahren 1978–1981 kam es zu Nettokapitalimporten, z. T. als Folge der damals in der BRD betriebenen Hochzinspolitik.

Der Sonderposten besteht aus den ungeklärten Restbeträgen und den Wertberichtigungen (Ausgleichsposten), die die Zentralbank auf ihre Devisenreserven vornehmen muß, wenn der Wechselkurs und damit der DM-Gegenwert dieser Bestände variiert. In Zeiten von DM-Aufwertungen (1976–1978 und 1986) fällt der DM-Wert der Devisenreserven, in Zeiten von DM-Abwertungen (1983–1985) steigt er.

Die Devisenbilanz gleicht die Zahlungsbilanz aus. Den Salden aus Leistungs- und Kapitalbilanz zuzüglich Sonderposten entspricht ein gleich hoher Saldo der Devisenbilanz mit umgekehrtem Vorzeichen. Er gibt die Zunahme (−) bzw. Abnahme (+) der Devisenreserven, die die Zentralbank hält, an.

3. Der Ausgleich der Zahlungsbilanz

Aus der doppelten Verbuchung eines jeden Geschäftsvorfalles folgt, daß die Zahlungsbilanz, und Tab. 8 zeigt dieses, statistisch immer ausgeglichen sein muß. Die Salden der Teilbilanzen müssen sich zu Null ergänzen. In welchem Sinn kann man unter diesen Umständen überhaupt von einer unausgeglichenen Zahlungsbilanz, einem Zahlungsbilanzüberschuß oder einem Zahlungsbilanzdefizit sprechen?

Wenn von einer unausgeglichenen Zahlungsbilanz die Rede ist, sind damit stets nicht-ausgeglichene **Teilbilanzen** gemeint. Die wichtigste Teilbilanz, die zur Kennzeichnung einer „nicht-ausgeglichenen Zahlungsbilanz" herangezogen wird, ist die Devisenbilanz. Eine nicht-ausgeglichene Zahlungsbilanz kommt damit in Salden der Devisenbilanz, d. h. in Devisenzugängen oder -abgängen bei der Zentralbank, zum Ausdruck. Den Devisenzugängen (-abgängen) entspricht in gleicher Höhe ein Überschuß (Defizit) in Leistungs- plus Kapitalbilanz.

4. Das Gleichgewicht der Zahlungsbilanz

Oftmals werden Überschüsse und Defizite mit Ungleichgewichten, eine ausgeglichene Zahlungsbilanz mit Zahlungsbilanzgleichgewicht gleichgesetzt. Von Gleichgewicht spricht man in der ökonomischen Theorie aber nur dann, wenn geplantes Angebot und geplante Nachfrage beim herrschenden Marktpreis zum Ausgleich kommen. Da die geplanten internationalen Transaktionen den Erwerb oder den Verkauf von ausländischen Währungen mit sich bringen (Dollar, Franc, Pfund, Lira ...), ist der Markt, um den es hier geht, der **Devisenmarkt.** Auf dem Devisenmarkt wird inländische gegen ausländische Währung getauscht. Der auf diesem Markt herrschende Preis ist der Wechselkurs, der als Preis einer ausländischen Währungseinheit, gemessen in Mengeneinheiten der inländischen Währung, definiert ist. Demnach ist die Zahlungsbilanz im **Gleichgewicht,** wenn das geplante Devisenangebot beim aktuellen Marktpreis (Wechselkurs) genau der geplanten Devisennachfrage entspricht. Diese Interpretation des Gleichgewichts ist immer dann mit dem unter 4. beschriebenen Ausgleich der Zahlungsbilanz identisch, wenn die Zentralbank am Devisenmarkt nicht interveniert, wenn also geplantes Angebot und geplante Nachfrage von privaten Wirtschaftssubjekten ausgehen. Da die Zentralbank in diesem Fall am Devisenmarkt weder kauft noch verkauft, ändern sich ihre Bestände an Devisen nicht, und der Saldo der Devisenbilanz ist gleich null.

Fragen:

---

15. Die Zahlungsbilanz der BRD weist in den Jahren 1982—1986 steigende Überschüsse in der Leistungsbilanz auf (Tab. 9). Welche Teilbilanzen rufen dieses Ergebnis hervor?

16. Wann ist eine Zahlungsbilanz „ausgeglichen"?

II. Zahlungsbilanztheorie

Lernziel:

Bei der Durcharbeitung dieses Abschnitts sollen Sie lernen

— wie flexible Wechselkurse funktionieren und was sie bewirken,
— wie und unter welchen Bedingungen Zahlungsbilanzsalden über Geldmengen- und Preiseffekte auf die Zahlungsbilanz zurückwirken,
— wie Leistungsbilanzeffekte Einkommenseffekte auslösen, die auf die Leistungsbilanz zurückwirken,
— wie spekulative und zinsinduzierte Kapitalbewegungen den Anpassungsprozeß der Leistungsbilanz unterstützen (erschweren),
— wie Inflationsimport und Konjunkturübertragungen zustande kommen.

Im Mittelpunkt der Zahlungsbilanztheorien steht die Frage, ob und in welcher Form ein Zahlungsbilanzungleichgewicht Tendenzen zur Wiederherstellung des Gleichgewichts hervorruft. Kann in einer Marktwirtschaft darauf vertraut werden, daß die Kräfte des Marktes die erforderlichen Anpassungen erzwingen, gibt es also **Mechanismen** des Zahlungsbilanzausgleichs? Oder ist man gezwungen, mittels wirtschaftspolitischer **Eingriffe** die Anpassung herbeizuführen? Verschiedene Zahlungsbilanztheorien versuchen auf diese Fragen eine Antwort zu geben. Wir beschränken uns zunächst auf die Analyse der Leistungsbilanz (II. 1 bis II. 3) und sehen darüber hinaus vereinfachend von Übertragungen ab.

1. Der Wechselkursmechanismus

a) Der Devisenmarkt

Auf einem Devisenmarkt werden Devisen gehandelt. **Devisen** sind Geldforderungen von Inländern gegenüber Ausländern in unbarer Form, wie z. B. Bankguthaben, Wechsel und Schecks. Prinzipiell ist es unerheblich, ob die Forderung auf DM oder ausländische Währung (z. B. $) lautet, oft wird aber der Begriff auf Forderung in Auslandswährung eingeengt. Geldforderungen in barer Form nennt man **Sorten.** Wir werden uns im folgenden auf eine Devise beschränken, auf Geldforderungen gegen die USA, und wollen diese Devise $(-Forderung) nennen.

Auf dem $-Markt wird der Preis des $ durch das Angebot an und die Nachfrage nach $ bestimmt. Wer bietet $ an, wer fragt $ nach?

$-Angebot entsteht in Höhe des inländischen Exportwertes. Die inländischen Exporteure bieten die $ an, die sie als Rechnungsgegenwert erhalten. Ist die Rechnung in DM ausgestellt, bieten die ausländischen Importeure $ an, um sich die benötigten DM zu beschaffen. Analog führt der inländische Import zu $-Nachfrage.

Wir wollen normalen Verlauf der Angebots- und Nachfragekurve annehmen, also unterstellen, mit steigendem $-Preis nehme das $-Angebot (Exportwert) zu, die $-Nachfrage (Importwert) ab. Dies anzunehmen scheint plausibel, da eine Verteuerung des $ die Importmenge schrumpfen, die Exportmenge steigen läßt.

Den Preis des $ nennt man auch $-Kurs oder allgemein **Devisenkurs** oder **Wechselkurs.** Er gibt den Preis des $ in DM-Mengeneinheiten an.

Der $-Kurs stand in den 50er und 60er Jahren bei rd. 4 DM pro $, ist aber in den 70er Jahren auf rd. 2 DM pro $ (zum Teil sogar noch tiefer) gefallen. Der $ hat mithin rd. 50 % an Wert gegenüber der DM verloren, umgekehrt hat die DM gegenüber dem $ 100 % an Wert gewonnen, bekommt man doch für 1 DM jetzt 0,50 $ gegenüber 0,25 $ früher.

Diese inverse Beziehung zwischen dem $-Kurs und dem DM-Kurs lautet formal:

$$\text{\$-Kurs} = \frac{1}{\text{DM-Kurs}} \qquad \text{DM-Kurs} = \frac{1}{\text{\$-Kurs}}$$

Noch einmal: Beläuft sich der $-Kurs z. B. auf 2 DM, muß der DM-Kurs gleich 0,50 $ sein. Muß man nämlich 2 DM für einen $ bezahlen, muß man umgekehrt 0,50 $ bezahlen, um eine Mark zu bekommen. Der Gleichgewichtskurs ergibt sich im Schnittpunkt der Kurven von $-Angebot und $-Nachfrage (Abb. 3).

3*

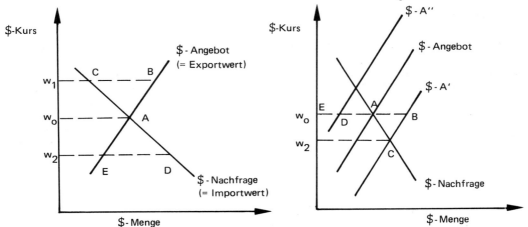

Abb. 3: Devisenmarkt

Abb. 4: Gleichgewicht und Datenänderungen am Devisenmarkt

Beim $-Kurs w_0 entspricht das $-Angebot der $-Nachfrage und damit der Wert der Exporte dem Wert der Importe. Die Leistungsbilanz ist damit ausgeglichen, ebenfalls die Zahlungsbilanz, da wir in B II 1—3 von der Existenz der Kapitalbilanz absehen. Da das geplante Angebot beim herrschenden Preis w_0 der geplanten Nachfrage entspricht, ist die Zahlungsbilanz auch im Gleichgewicht.

Ein Zahlungsbilanzungleichgewicht läge bei den Kursen w_1 und w_2 vor. Im ersten Fall hätten wir einen Exportüberschuß (über den Import) in Höhe von CB und damit einen Zahlungsbilanzüberschuß, im zweiten Fall einen Importüberschuß in Höhe von ED und damit ein Zahlungsbilanzdefizit. Das Defizit beruht auf einem zu geringen $-Kurs, d. h. einem zu hohen DM-Kurs, der den Export verteuert, den Import verbilligt, so daß der Importüberschuß plausibel erscheint. Umgekehrt im Fall eins.

b) Flexible Wechselkurse

Nehmen wir nun, von w_0 ausgehend, eine Störung der Zahlungsbilanz derart an, daß die ausländische Nachfrage nach inländischen Produkten zunehme, beispielsweise im Zuge einer konjunkturellen Belebung im Ausland. In diesem Fall wird bei unverändertem Wechselkurs der Export und damit auch der Exportwert steigen. Die $-Angebotskurve verschiebt sich nach rechts, weil wegen des höheren Exportwertes mehr $ von den inländischen Exporteuren zum Umtausch auf dem Devisenmarkt angeboten werden (Abb. 4). Es besteht somit ein Angebotsüberhang in Höhe von AB beim Kurs w_0, der einen Zahlungsbilanzüberschuß repräsentiert. Der Angebotsüberhang bewirkt nun wie auf jedem Markt, so auch hier, einen Preisdruck, und der $-Kurs fällt. Dieses Sinken des $-Kurses beseitigt den Angebotsüberhang auf zwei Wegen: Die Verbilligung des $ regt die Importe an, erschwert die Exporte. Die Zunahme des Importwertes entlang der

36

$-N-Kurve von A nach C und die Abnahme des Exportwertes entlang der $-A-Kurve von B nach C beseitigt den bei w_0 noch vorhandenen Zahlungsbilanzüberschuß.

Dieses Ergebnis kann freilich nur dann zustande kommen, wenn die Preis-(Kurs-)Bildung auf dem Devisenmarkt frei ist und keine institutionellen Hemmnisse der Bildung des neuen Gleichgewichtskurses entgegenstehen. Man spricht in solchen Fällen von einem freien oder beweglichen oder flexiblen Wechselkurs. $-Kurssenkungen werden auch als $-Abwertungen bezeichnet, $-Kurssteigerungen als $-Aufwertungen. Steigt nämlich der $-Kurs und damit der Preis des $, müssen mehr DM zum Erwerb eines $ aufgewendet werden, sein Wert ist also gestiegen. Umgekehrt muß jeder $-Aufwertung eine DM-Abwertung entsprechen, da man für eine gegebene Menge an DM nur noch weniger $ kaufen kann.

Ergebnis:

Bei flexiblen Wechselkursen werden Zahlungsbilanzungleichgewichte durch die Flexibilität des Kurses beseitigt. Eines wirtschaftspolitischen Eingriffs zur Korrektur des Ungleichgewichtes bedarf es nicht.

c) Feste Wechselkurse

Flexible Wechselkurse waren lange Zeit nach den Statuten des Internationalen Währungsfonds (IWF), der 1944 in Bretton Woods (USA) gegründet wurde, und dem alle wichtigen Welthandelsländer angehören, verboten. In Erinnerung an die Abwertungswettläufe vieler Länder in der Zwischenkriegszeit zum Zwecke der Verbesserung von Wettbewerbschancen auf den Weltmärkten vereinbarten die Gründer des IWF die Errichtung eines Systems fester Wechselkurse, das die Möglichkeit von Wechselkursänderungen nur für den Fall „fundamentaler Zahlungsbilanzungleichgewichte" vorsah. Der Wert jeder einzelnen Währung mußte in Gold (**Goldparität**) oder in $ (**$-Parität**) ausgedrückt sein, wobei der Wert des $ gemessen in Goldeinheiten ebenfalls fixiert war.

Da nun die Wertrelationen aller Währungen zum $ fixiert waren, waren sie auch untereinander fixiert. Es stellt sich die Frage, wie ein derartiges fixes Verhältnis zwischen den Währungen garantiert werden kann, wenn Angebot und Nachfrage auf den Devisenmärkten autonom von Exporteuren und Importeuren ausgeübt wird. Ist z. B. w_0 in Abb. 4 ein so fixierter Kurs und kommt es zu der beschriebenen Exportsteigerung mit der Verschiebung der Angebotskurve nach rechts, entsteht ein Angebotsüberhang und ein Kursdruck. Wer verhindert den Kursverfall?

Es waren die Notenbanken, die verpflichtet wurden, die Kurse ihrer Währungen stabil zu halten. So mußte in unserem Fall die inländische Notenbank das Überschußangebot in Höhe von AB nachfragen und gegen Hergabe von DM „aus dem Markt nehmen", um damit ein Ansteigen des DM-Kurses (= Fallen des $-Kurses) zu verhindern. Solche Aktionen der Zentralbanken zum Zwecke der Kursstützung nennt man **Interventionen.**

Da nun die Fixierung eines Kurses auf einem eindeutig bestimmten Niveau zu täglichen Interventionen der Zentralbanken geführt hätte, denn die Marktpreisbildung auf dem Devisenmarkt hätte höchstens gerade zufällig jenen Kurs zustande bringen können, der der Parität entspricht, hat man weiter im IWF beschlossen, daß die Interventionspflicht erst bei bestimmten Höchstabweichungen von der Parität nach oben und unten eintritt. Diese Höchstabweichungen betrugen ± 1 % von der Parität; die entsprechenden Kurse hießen **Interventionspunkte.** Zwischen den Interventionspunkten war die Kursbildung frei, d. h. die Notenbank trat weder als Anbieter noch als Nachfrager auf dem Devisenmarkt auf. Den Bereich zwischen den Interventionspunkten nennt man **Bandbreite.**

Beispiel:

Bei einer $-Parität der DM von 0,25 $ kostet ein $ 4 DM. Der untere Interventionspunkt liegt dann bei 3,96 DM pro $, der obere Interventionspunkt bei 4,04 DM pro $. Im ersten Fall fragt die Notenbank $ nach, um einen weiteren $-Kursverfall zu verhindern, im zweiten Fall bietet sie aus ihren Beständen $ an, um einem weiteren $-Kursanstieg entgegenzutreten. Die Bandbreite zwischen oberem und unterem Interventionspunkt beträgt 0,08 DM pro $, das sind 2 % (± 1 %) des Paritätskurses.

Aus Gründen der Vereinfachung wollen wir im folgenden von der Existenz des Bandes absehen. Die Ergebnisse werden von dieser Vereinfachung prinzipiell nicht berührt.

Nehmen wir nun die gleiche Störung wie im Fall flexibler Kurse, eine Zunahme der Exporte, an und fragen nach den Auswirkungen auf die Zahlungsbilanz. Der $-Angebotsüberhang (der Zahlungsbilanzüberschuß) lt. Abb. 4 AB würde ohne Intervention einen Kursdruck auf den $ nach unten ausüben. Bei festen Kursen ist aber die Zentralbank zur Intervention und Kursstabilisierung verpflichtet. Sie wird mithin den Angebotsüberhang aufkaufen müssen. Die private Nachfrage nach $ in Höhe von EA zuzüglich der Nachfrage der Zentralbank AB nimmt dann gerade das gestiegene Angebot EB ab. Tendenzen zum Abbau des Zahlungsbilanzgleichgewichtes sind soweit nicht erkennbar. Ähnlich ist die Situation, wenn wir als Ausgangsstörung einen Rückgang der Exporte annehmen. Die $-Angebotskurve verschiebt sich in diesem Fall nach links, nach $-A″ in Abb. 4 (Zahlungsbilanzdefizit). Hier muß die Zentralbank den Nachfrageüberhang AD auf dem Devisenmarkt beseitigen, um den Kurs w_0 zu garantieren. Sie bietet folglich aus ihren Beständen AD $ an. Auch hier ist keine Tendenz zur Beseitigung des Ungleichgewichts erkennbar. Die Zahlungsbilanzungleichgewichte werden finanziert, nicht aber beseitigt. Die Finanzierung erfolgt durch Ankauf oder Abgabe von Devisen. Sie hat im Defizitland spätestens dann ein Ende, wenn dessen Devisenreserven erschöpft sind.

Dem Finanzierungsproblem der Defizitländer entspricht ein Überliquiditätsproblem in den Überschußländern. Da deren Zentralbanken durch den Interventionsakt die inländische Geldmenge erhöhen, indem sie gegen Hergabe von DM $ ankaufen, entsteht dort ein Inflationspotential.

Interventionspolitik kann folglich auf längere Sicht hin kein geeignetes Instrument sein, Wechselkursanpassungen zu ersetzen. Allenfalls wäre eine Situation denkbar, in der, etwa im Konjunkturverlauf, temporäre Zahlungsbilanzüberschüsse und spätere Zahlungsbilanzdefizite sich im Zeitverlauf ungefähr ausgleichen. Hier wären die Ungleichgewichte in der Tat nur vorübergehend und damit bei ausreichend hohen Beständen an Devisenreserven auch finanzierbar. Die Erfahrung zeigt jedoch, daß dieser Fall Ausnahmecharakter hat. Die Ungleichgewichte in den Zahlungsbilanzen der meisten Länder sind nicht konjunktureller Art, sondern struktureller, längerfristiger Art, „fundamentale Zahlungsbilanzungleichgewichte" im Sinne des IWF.

In solchen Fällen sind Wechselkursänderungen, Neufestsetzung der Paritäten, notwendig. Im Falle der Abb. 4 und der exogenen Exportsteigerung würde man den neuen Kurs auf w_2 festsetzen und damit das Ungleichgewicht beseitigen. Wenn Wechselkurse nicht unverrückbar fest sind, sondern auf geändertem Niveau neu festgesetzt werden können, spricht man von **Stufenflexibilität.** Die Kurse ändern sich nicht allmählich Tag für Tag in geringem Umfang, sondern in größeren Zeitabständen und damit auch in größerem Umfang, in Stufen.

Vergleicht man die beiden Varianten der Kursflexibilität, der völlig flexible Wechselkurs einerseits, die Stufenflexibilität andererseits, im Hinblick auf ihre Eigenschaft, den Zahlungsbilanzausgleich herbeizuführen, sind folgende Punkte bedeutsam:

1. Flexible Kurse bringen „automatisch", d. h. allein durch privates, marktwirtschaftliches Anbieter- und Nachfragerverhalten, die Zahlungsbilanz ins Gleichgewicht.

2. Feste Kurse können nur in der kurzen Frist fest sein. In längerfristiger Betrachtung werden sie wegen der Unmöglichkeit permanenten Devisenan- oder -verkaufs durch die Zentralbank ebenfalls flexibel, stufenflexibel.

3. Feste Kurse werden durch Beschluß der wirtschaftspolitischen Instanzen geändert. Die Erfahrung zeigt, daß diese Instanzen Fehler in der Wahl des richtigen Zeitpunkts einer Wechselkursänderung und in der Wahl des richtigen Änderungssatzes begehen. So müßte in Abb. 4 eine Änderung beschlossen werden, die genau zu w_2 führt, ein Ergebnis, das höchstens zufällig zustande kommen könnte. Meist werden erforderliche Wechselkursänderungen so lange wie möglich hinausgezögert, und wenn sie dann erfolgen, ist der Änderungssatz üblicherweise zu gering. Dieser Mißstand findet sich sowohl in Überschuß- als auch in Defizitländern. In Überschußländern versuchen Exporteure und mit Importgütern konkurrierende heimische Produzenten die Aufwertung hinauszuschieben oder zumindest gering zu halten, in Defizitländern schrecken die Regierungen vor Abwertungen zurück, weil sie Prestigeverluste fürchten.

Ergebnis:

Abschließend sollen die wichtigsten Gesichtspunkte der Wechselkurstheorie noch einmal zusammengefaßt werden:

1. Der Wechselkurs ist der Preis der Auslandswährung gemessen in Inlandswährung.

2. Das $-Angebot entspricht dem Exportwert, die $-Nachfrage dem Importwert. Die Differenz von Export- und Importwert ist — wir sehen von Übertragungen ab — gleich dem Saldo der Leistungsbilanz.

3. Der flexible Wechselkurs bringt $-Angebot und $-Nachfrage und damit, wenn man von der Existenz internationaler Kapitalbewegungen absieht, die Leistungsbilanz zum Ausgleich.

4. Beim festen Wechselkurs bestehen in der Regel $-Angebots- oder $-Nachfrage-Überhänge, die die Zentralbank beseitigt.

5. Stufenflexibilität liegt vor, wenn unter bestimmten Umständen ein prinzipiell fester Kurs geändert werden kann.

2. Der Geldmengen-Preismechanismus

Ungleichgewichte der Zahlungsbilanz wurden im letzten Kapitel durch Wechselkursänderungen beseitigt. Bei flexiblen Kursen erfolgte die Wechselkursanpassung durch die Marktkräfte „automatisch", bei festen Kursen durch politischen Beschluß. Wie aber kann ein Ungleichgewicht beseitigt werden, wenn Wechselkursänderungen als Instrument des Zahlungsbilanzausgleichs ausgeschlossen sind?

Eine Antwort auf diese Frage liefert der Geldmengen-Preismechanismus. Diese Theorie basiert auf drei entscheidenden Annahmen:

1. Zahlungsbilanzungleichgewichte führen zu Geldmengenänderungen.

2. Geldmengenänderungen führen zu Preisniveauänderungen.

3. Preisniveauänderungen führen zu Zahlungsbilanzänderungen.

Als Störung nehmen wir wieder, von einer ausgeglichenen Leistungsbilanz ausgehend, eine exogene Exportsteigerung des Inlandes an. Die Kurve des $-Angebots verschiebt sich nach rechts. Bei fixen Kursen ist die Zentralbank verpflichtet, den $-Überhang zum fixierten Kurs aufzukaufen. Sie nimmt die $ gegen Hergabe von DM aus dem Markt. Diese Intervention läßt die umlaufende DM-Geldmenge steigen. Die gestiegene Geldmenge wird direkt zum Kauf von Gütern und Diensten ausgegeben oder drängt auf den Geldmarkt und läßt dort die Zinsen sinken und damit die Investitionsnachfrage steigen. In jedem Fall aber steigen infolge der Nachfrageerhöhung die Preise, wenn, wie im Geldmengen-Preismechanismus unterstellt ist, Vollbeschäftigung herrscht und das Angebot damit kurzfristig nicht ausgeweitet werden kann.

Die Preissteigerungen verschlechtern die internationale Wettbewerbsfähigkeit des Inlandes. Die Importe aus dem preisstabilen Ausland werden steigen und die Exporte werden sinken, weil die Produzenten auf inländischen Märkten höhere Preise als im Ausland erzielen können. Der primäre Exportüberschuß wird reduziert. Dieser Prozeß hält solange an, bis die Leistungsbilanz erneut im Gleichgewicht ist.

Die diesem Mechanismus zugrundeliegenden Annahmen sind jedoch keineswegs unproblematisch: So setzt die Annahme, daß Zahlungsbilanzüberschüsse zu Geldmengenausweitungen führen, voraus, daß eine sterilisierende, d. h. die Geldmengenerhöhung zurücknehmende, kontraktive Geldpolitik unterbleibt. Dies aber ist wegen der mit Geldmengenerhöhungen einhergehenden Inflationsgefahr keineswegs sicher. Ferner ist auch die Annahme, daß Geldmengenänderungen Preisänderungen nach sich ziehen, zweifelhaft. Kommt es im Defizitland zu Geldmengenkontraktionen, die, um die erste Annahme beizubehalten, nicht durch expansive Geldpolitik wieder zunichte gemacht wird, wird zwar die Nachfrage sinken, obgleich auch dies keineswegs sicher ist. Aber ob in der Folge die Preise sinken, erscheint aus heutiger Sicht mehr als fraglich. Wahrscheinlicher ist, daß die Nachfragereduktion zu einer Einschränkung der Produktion als zu einem Rückgang der Preise führt. Die dritte Annahme, wonach steigende Inlandspreise die Wettbewerbssituation des Inlandes verschlechtern und bestehende Zahlungsbilanzüberschüsse tendenziell abbauen, wird man, ceteris paribus, d. h. bei Konstanz aller anderen Daten, als zutreffend unterstellen können.

Vergleicht man abschließend die Zahlungsbilanzanpassung über den Wechselkurs- und den Geldmengen-Preismechanismus, so erkennt man, daß bei ersterem die Preisänderung der **Währungen,** beim zweiten die Preisänderung der **Güter** die Anpassung herbeiführt. Im ersten Fall wird der Ausländer die Nachfrage nach inländischen Produkten einschränken, und so den Exportüberschuß des Inlandes abbauen, weil die DM teurer, im zweiten Fall, weil Güter teurer geworden sind. Wenn man also auf die Flexibilität der Währungspreise (Wechselkurse) verzichtet, muß man auf die Flexibilität der Güterpreise bauen können, sonst ist der Zahlungsbilanzausgleich in Frage gestellt. Ob Ausgleichsmechanismen existieren, die auch im Falle konstanter Währungspreise **und** konstanter Güterpreise Zahlungsbilanzanpassungen ermöglichen, soll im nächsten Abschnitt überprüft werden.

3. Der Einkommensmechanismus

An Hand einer volkswirtschaftlichen Angebotskurve (A), wie sie in Abb. 5 eingezeichnet ist, läßt sich die Unterschiedlichkeit der Ansätze des Geldmengen-Preismechanismus und des Einkommensmechanismus verdeutlichen.

Abb. 5: Preis- bzw. Mengeneffekte einer Nachfragesteigerung

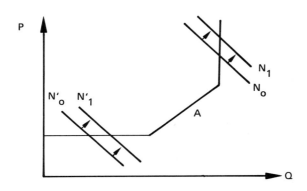

Herrscht Vollbeschäftigung aller Faktoren, kann eine Nachfragesteigerung von N_0 nach N_1 lediglich Preiserhöhungen (P↑), nicht aber Produktionssteigerungen (Q↑) bewirken. Herrscht umgekehrt ein relativ hoher Grad an Unterbeschäftigung, wird man damit rechnen können, daß Nachfragesteigerungen von N'_0 nach N'_1 zu Produktionssteigerungen führen, ohne jedoch Preissteigerungen hervorzurufen. Der erste Fall liegt dem Geldmengen-Preis-, der zweite dem Einkommensmechanismus zugrunde. In der Realität werden in der Regel beide Effekte gemeinsam auftreten, jedoch dürfte bei hohem Beschäftigungsgrad der Preiseffekt, bei geringem Beschäftigungsgrad der Mengeneffekt dominieren. Wir wollen uns jedoch zur Vereinfachung auf die extremen Fälle der reinen Preis- bzw. Mengeneffekte beschränken.

Wir gehen von der Verwendungsgleichung des Sozialprodukts aus:

(1) $Y = C + I + \text{Exp} - \text{Imp};$

Y = Volkseinkommen; C = Konsum; I = Investition; Exp = Exportwert; Imp = Importwert

Da die Ersparnis (S) definiert ist als

(2) $S = Y - C,$

kann man für (1) auch schreiben:

(3) $S + \text{Imp} = I + \text{Exp}.$

Gleichung (3), interpretiert als Gleichgewichtsbedingung, besagt, daß die gesamtwirtschaftliche Nachfrage konstant bleibt und dem Angebot entspricht, wenn die Injektionen in den Wirtschaftskreislauf (I und Exp) die gleiche Höhe wie die Absickerverluste (S und Imp) haben.

Nehmen wir wieder wie in den beiden letzten Abschnitten eine Nachfragebelebung im Ausland an, die steigende Exporte des Inlandes ins Ausland nach sich zieht. Aus Gleichung (1) folgt, daß Produktion und Einkommen im Inland steigen. Nimmt man weiter — keynesianischer Tradition folgend — an, daß Ersparnis und Importe mit wachsendem Einkommen zunehmen, ist der weitere Ablauf klar:

Ersparnisse und Importe steigen und entziehen dem volkswirtschaftlichen Kreislauf Mittel, die die Expansion bremsen. Aus der Multiplikatortheorie ist bekannt, daß die Expansion des Einkommens zu Ende kommt, wenn die Absickerverluste **aus** dem Kreislauf die Höhe der ursprünglichen Injektion **in** den Kreislauf erreicht haben. Das Einkommen steigt mithin solange, bis Ersparnis- und Importzuwachs das Volumen der primären Exporterhöhung erreicht haben.

Beispiel:

War im Ausgangsgleichgewicht I = 100, Exp = 200, S = 100, Imp = 200, und steigt der Export um 100, wird das neue Gleichgewicht erreicht sein, wenn Ersparnis und Importe infolge des gestiegenen Einkommens zusammen ebenfalls um 100 gestiegen sind. Nimmt man an, daß die Ersparnis um 0,2, die Importe um

0,3 Einheiten steigen, wenn das Einkommen um eine Einheit zunimmt, wird eine Einkommenserhöhung von 200 das neue Gleichgewicht kennzeichnen. Die neuen Gleichgewichtswerte lauten dann I = 100, Exp = 300, S = 140, Imp = 260. Von der primären Leistungsbilanzverbesserung um 100 verbleibt am Ende ein Leistungsbilanzüberschuß in Höhe von 40.

Eine Einkommensexpansion in gleicher Höhe (40) käme zustande, wenn an Stelle der Exportsteigerung eine Investitionserhöhung den Expansionsprozeß ausgelöst hätte.

Gänzlich unterschiedlich hingegen sind die Wirkungen dieser beiden Datenänderungen auf die Leistungsbilanz. Während die **Exporterhöhung** in der ersten Phase die Leistungsbilanz verbessert, später aber im Zuge steigenden Einkommens und steigender Importe Verschlechterungstendenzen ausgelöst werden, verschlechtert sich die Leistungsbilanz bei **steigenden Investitionen** von Anfang an: Da die Importe nicht genauso stark steigen können (+60) wie die Exporte gestiegen waren (+100), denn im Gleichgewicht gilt, daß Import- (+60) plus Ersparniszunahme (+40) dem Exportzuwachs (+100) gleich sein müssen, bleibt letztlich bei einer primären **Exportsteigerung** ein Leistungsbilanzüberschuß (+40) erhalten, bei einer **Investitionserhöhung** kommt es in jedem Fall zu einem Leistungsbilanzdefizit (—60). Da die ausländische Leistungsbilanz das Spiegelbild der inländischen Leistungsbilanz ist, wird sie sich folglich bei einer inländischen Exportsteigerung verschlechtern, bei einer Investitionserhöhung verbessern. Aus (1) folgt dann, daß im ersten Fall das Auslandseinkommen sinkt, im zweiten Fall steigt. Auf diese negativen Auswirkungen einer inländischen Exportstimulierung im Ausland hat Joan Robinson hingewiesen. Sie bezeichnet eine derartige Politik als „beggar my neighbour policy".

Der im Falle der Exporterhöhung verbleibende Überschuß zeigt, daß der Einkommensmechanismus, im Gegensatz zum Wechselkurs- und Geldmengen-Preismechanismus, nur unvollkommen wirkt. Es ist lediglich eine Tendenz zur Wiederherstellung des Zahlungsbilanzgleichgewichts vorhanden.

4. Die Einbeziehung der Kapitalbilanz

In den letzten drei Abschnitten wurde gefragt, wie Störungen der Leistungsbilanz durch Reaktionen des Wechselkurses, der Preise und des Volkseinkommens beseitigt werden können. Anpassungen in der Kapitalbilanz blieben außer acht; sie sollen jetzt erörtert werden. Damit wird es erforderlich, im folgenden streng zwischen den Begriffen Zahlungsbilanz und Leistungsbilanz, die bisher wegen der Vernachlässigung der Kapitalbilanz synonym verwendet werden konnten, zu unterscheiden.

a) Die Determinanten der Kapitalbilanz

Die Kapitalbilanz erfaßt die Veränderung der Netto-Auslandsforderungen der Inländer in einer gegebenen Periode. Zunahmen der Netto-Auslandsforderungen nennt man **Netto-Kapitalexporte**, Abnahmen **Netto-Kapitalimporte**. Da der Er-

werb einer Forderung gegenüber einem Ausländer, z. B. der Kauf einer Schuld-
verschreibung eines ausländischen Unternehmens, zu Geldabflüssen aus dem Inland führt, exportiert das Inland Kapital ins Ausland zur dortigen Verwendung,
und der Ausdruck „Kapitalexport" wird verständlich. Das Abstellen auf
„Netto"-Größen vereinfacht die verbalen Ausführungen, da ansonsten immer
von Kapitalexport minus Kapitalimport gesprochen werden müßte. Auf dem Devisenmarkt tritt zu dem $-Angebot der Exporteure das $-Angebot aus Kapitalimporten, zur $-Nachfrage der Importeure die $-Nachfrage für Kapitalexporte.
Übertrifft der Kapitalexport den Kapitalimport und damit der Geldabfluß den
Geldzufluß, liegt ein Defizit der Kapitalbilanz vor.

Will man die Veränderungen der Netto-Auslandsforderungen, die Kapitalbilanz
also, erklären, muß man wissen, wovon die Entwicklung der Netto-Auslandsforderungen bestimmt ist. Diese Bestimmungsgründe (Determinanten) der Kapitalbilanz sind sehr verschieden, je nachdem, um welchen Typ von Netto-Auslandsforderungen es sich handelt. Die Bundesbank unterscheidet Aktivitäten der
Kreditinstitute, der sonstigen Privaten und der öffentlichen Stellen und trennt
die Transaktionen in langfristige und kurzfristige. Langfristige Veränderungen
von Netto-Auslandsforderungen beruhen auf Direktinvestitionen, Wertpapiertransaktionen und privater und öffentlicher Kreditvergabe, kurzfristige Veränderungen in erster Linie auf der Einräumung von Finanz- und Handelskre-
diten. Während Direktinvestitionen und öffentliche Kreditvergabe verschieden-
artigste Ursachen haben können, lassen sich die restlichen Transaktionen auf
einige wenige Bestimmungsgründe zurückführen: Wertpapiertransaktionen und
Finanz-Kreditgewährungen sind in erster Linie von der Höhe der Zinsen im In-
und Ausland und der erwarteten Wechselkursentwicklung bestimmt. Handels-
kredite variieren mit dem Handelsvolumen, den Ex- und Importen. Wir wollen
uns im folgenden auf die Analyse der zinsabhängigen und wechselkurserwar-
tungsabhängigen Kapitalbewegungen beschränken.

b) Die Anpassung der Kapitalbilanz

Unter den Annahmen des Geldmengen-Preismechanismus kam es auf Grund
der angenommenen exogenen Exportsteigerung zu einem $-Angebotsüberhang
am Devisenmarkt, den die Zentralbank zum Zwecke der Kursstützung aufkaufen muß. Daraus resultiert ein Anstieg der umlaufenden Geldmenge und in der
Folge ein Druck auf das Zinsniveau. Diese Zinssenkung veranlaßt nun, und da-
von wurde bisher abgesehen, inländische Geldanleger, verstärkt ausländische
zinstragende Titel, z. B. Wertpapiere, nachzufragen, da bei konstantem Aus-
landszins deren relative Rentabilität gestiegen ist. Zu diesem Zweck fragen sie
am Devisenmarkt $ nach, so daß der letztlich verbleibende $-Angebotsüberhang,
den die Zentralbank aus dem Markt nehmen muß, kleiner ausfällt als ohne die
zinsinduzierten Kapitalbewegungen. Oder anders ausgedrückt: Die primäre Leistungsbilanzverbesserung wird von einer sekundären Kapitalbilanzverschlechte-
rung (Netto-Kapitalexport) begleitet, so daß der Überschuß der gesamten Zahlungsbilanz geringer ausfällt als ohne die Berücksichtigung internationaler Kapitalbewegungen. Entsprechend genügen dann schon geringere Preissteigerungen, um die Zahlungsbilanz wieder ins Gleichgewicht zu bringen.

Kommt es jedoch nicht zu diesen Preissteigerungen oder inflationiert das Ausland stärker als das Inland, bleibt der Zahlungsbilanzüberschuß bestehen, und Aufwertungserwartungen werden wach. Die Geldanleger rechnen damit, daß letztlich nur eine Aufwertung dauerhaft den Überschuß der inländischen Zahlungsbilanz zum Verschwinden bringen kann und kaufen in Erwartung der DM-Aufwertung die jetzt noch billige DM, um sie nach erfolgter Aufwertung teurer wieder zu verkaufen. Sie bieten $ an, die die Zentralbank zum festen Kurs aufkaufen muß. Der ohnehin schon bestehende Angebotsüberhang an $ wird weiter verstärkt, die Zentralbank zu massiven $-Aufkäufen gezwungen. Zu dem Überschuß in der Leistungsbilanz tritt ein Überschuß in der Kapitalbilanz hinzu.

Dies ist der Fall einer **destabilisierenden Spekulation.** Sie ist zudem völlig risikolos, weil im Falle nicht-erfüllter Erwartungen, d. h. hier bei Nicht-Aufwertung der DM, der Rückumtausch von DM in $ wegen der festen Kurse keine Kursverluste mit sich bringt. Man spricht von „risikoloser Einbahn-Spekulation".

Risikoreicher hingegen ist die Spekulation bei flexiblen Kursen, weil nicht sicher ist, ob der Kurs in Zukunft steigt oder fällt. Je nachdem, welche Erwartungen die Spekulanten — das sind Wirtschaftssubjekte, die in Erwartung von Wechselkursänderungen Transaktionen vornehmen — über die zukünftige Wechselkursentwicklung hegen, kann es zu stabilisierender oder destabilisierender Spekulation kommen.
Erwarten die Spekulanten beispielsweise, daß die der primären Exportsteigerung folgende DM-Aufwertung nicht von Dauer ist und eine spätere Abwertung folgt, werden sie jetzt die teure DM verkaufen, um sie sich später billiger wieder zu beschaffen. Sie bieten folglich jetzt DM an und tragen so dazu bei, den Kursanstieg der DM zu bremsen: **stabilisierende Spekulation.** Erwarten sie hingegen für die Zukunft weitere DM-Aufwertungen, werden sie die jetzt noch billige DM kaufen, um sie später teurer zu verkaufen. Sie fragen jetzt DM nach und treiben den DM-Kurs zusätzlich nach oben: **destabilisierende Spekulation.**

5. Der internationale Preis- und Konjunkturzusammenhang

Die Ausführungen der Kapitel 1—3 lassen sich an Hand von Abb. 6 skizzieren:

Abb. 6: Die Variablen des Leistungsbilanzausgleichs

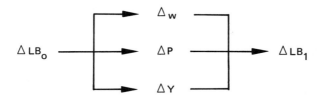

Störungen der Leistungsbilanz $\triangle LB_0$ führten zu Wechselkurs- ($\triangle w$) oder Preis- ($\triangle P$) oder Einkommensänderungen ($\triangle Y$), die Tendenzen zum Ausgleich der Leistungsbilanz $\triangle LB_1$, induzierten. Von zentralem Interesse war dabei für uns die Art der Beziehung zwischen $\triangle LB_0$ und $\triangle LB_1$.

Im folgenden soll ein anderer Aspekt der Abb. 6 diskutiert werden: Wodurch sind die Störungen $\triangle LB_0$ hervorgerufen und wie wirken sie sich auf die wirtschaftspolitischen Ziele der Preisniveaustabilität und des hohen Beschäftigungsstandes (und damit hohen Einkommens) aus? Zur Verdeutlichung der Fragestellung diene Abb. 7:

Abb. 7: Preis- und Einkommensübertragungen bei festen und flexiblen Wechselkursen

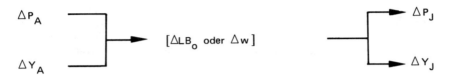

Datenänderungen im Ausland, sei es in Form einer Auslandsinflation $\triangle P_A > 0$ oder in Form eines ausländischen Konjunkturaufschwungs $\triangle Y_A > 0$ sind die wichtigsten Ursachen einer exogenen Störung der inländischen Leistungsbilanz.

Bei festen Kursen, d. h. $\triangle w = 0$, sind die Auslandsvariablen P_A und Y_A über die Leistungsbilanz-Änderung $\triangle LB_0$ mit den Inlandsvariablen P_I und Y_I verknüpft, bei flexiblen Kursen, d. h. $\triangle LB_0 = 0$ (bei Vernachlässigung der Kapitalbilanz, erfolgt die Verknüpfung über die Wechselkursänderung $\triangle w$.

An Hand von Abb. 7 lassen sich drei Fragenkomplexe veranschaulichen, die in der jüngeren wirtschaftspolitischen Situation eine große Rolle gespielt haben:

1. Wie wird eine Inflation im Ausland ($\triangle P_A > 0$) bei festen und flexiblen Wechselkursen ins Inland übertragen? Diese Frage steht im Mittelpunkt der „Theorie der importierten Inflation" oder allgemeiner der „Theorie des internationalen Preiszusammenhangs".

2. Wie werden konjunkturelle Störungen im Ausland ($\triangle Y_A$) auf das Inland übertragen? Dies ist die zentrale Frage der „Theorie des internationalen Konjunkturzusammenhangs".

3. Wie wird sich angesichts der Preisentwicklungen im In- ($\triangle P_I$) und Ausland ($\triangle P_A$) der flexible Wechselkurs entwickeln? Auf diese Frage versucht die „Kaufkraftparitätentheorie" eine Antwort zu geben.

a) Der internationale Preiszusammenhang

Einen Transmissionskanal, auf dem Auslandspreissteigerungen ins Inland gelangen, haben wir bereits im Geldmengen-Preismechanismus kennengelernt: Steigende Auslandspreise verbessern die Wettbewerbssituation inländischer Anbieter, es entstehen Exportüberschüsse, die Geldmengenzuflüsse **(Liquiditätseffekte)** und in der Folge Preissteigerungen nach sich ziehen. Darüber hinaus müssen bei steigenden Auslandspreisen die Importeure höhere Preise für die

46

Importgüter bezahlen. Werden die Importgüter für Konsumzwecke verwendet, steigen die Konsumgüterpreise, gehen sie als Vor- und Zwischenprodukte in die Produktion ein, steigen die Produktionskosten und auf diesem Wege die Preise im Inland **(direkter internationaler Preiszusammenhang).** Diese beiden Wege der Preisansteckung, der Liquiditätseffekt und der direkte internationale Preiszusammenhang setzen die Existenz fester Wechselkurse voraus. Kommt es auch zur Preisansteckung bei flexiblen Kursen?

Bei flexiblen Kursen ist die Zentralbank nicht zu Interventionen am Devisenmarkt verpflichtet, und der Geldmengen-Preismechanismus ist damit außer Kraft gesetzt. Statt eines $-Ankaufs der Zentralbank kommt es zu einer $-Kurssenkung. Damit erwirbt der Importeur billiger die $, die er benötigt, um die — teurer gewordenen — Importe zu bezahlen. Steigt infolge der Auslandsinflation der $-Preis des Importgutes, z. B. von 10 $ auf 11 $, und steigt gleichzeitig der DM-Kurs von 0,50 $ auf 0,55 $, muß der Importeur vor und nach der Auslandsinflation 20 DM aufwenden, um das Gut zu kaufen. *Die Verteuerung der ausländischen Ware wird durch die Verbilligung der ausländischen Währung kompensiert. Der Inflationsimport wird unterbunden.*

Aus diesen theoretischen Erörterungen wäre die Schlußfolgerung zu ziehen, daß diejenigen Länder, deren Währungen am stärksten seit der Kursfreigabe 1973 aufgewertet wurden, sich am besten gegen die weltweite Inflation schützen konnten. Die Realität zeigt in der Tat, daß nur die Aufwertungsländer BRD, Schweiz und Japan sich gegen die weltweite Inflation in den 70-er und der ersten Hälfte der 80-er Jahre schützen konnten (Tab. 10).

Tab. 10: Internationale Entwicklung der Verbraucherpreise
(Jährlicher Preisanstieg in %)

	1960–1972	1973–1985	1978	1979	1980	1981	1982	1983	1984	1985	1986
Deutschland	3	4	3	4	5	6	5	3	2	2	0
Frankreich	4	10	9	11	14	13	12	10	7	6	3
England	5	12	8	13	18	12	9	5	5	6	3
Italien	4	16	12	15	21	8	16	15	11	9	6
USA	3	7	8	11	14	10	6	3	4	4	2
Japan	6	6	4	4	8	5	3	2	2	2	1
Schweiz	4	4	1	4	4	7	6	3	3	3	1

Interpretation:

1. Das Inflationsniveau war 1960–1972 weltweit niedrig und wenig unterschiedlich von Land zu Land. In der Zeit 1973–1985 war es im Durchschnitt höher, mehr als doppelt so hoch in den Abwertungsländern, jedoch nicht höher in den Aufwertungsländern.

2. Der zweite Ölpreisschub 1979 bewirkt weltweit eine Inflationswoge, deren Kamm im Jahr 1980 liegt.

3. Umgekehrt hat die Halbierung des Ölpreises von 1985 bis 1986 die Inflationsrate des Jahres 1986 auf ein lange nicht mehr beobachtetes Maß zurückgeführt.

4. Insgesamt zeigen die Daten einen bemerkenswerten Gleichlauf, d. h. internationalen Preiszusammenhang.

So sehr Aufwertungen Länder vor dem Inflationsimport schützen, so sehr wird umgekehrt durch die Abwertung die nationale Inflation beschleunigt, da sich die Importe für das abwertende Land verteuern. Defizitländer sehen sich so mit einem Teufelskreis konfrontiert: Einerseits brauchen sie Abwertungen, um das Defizit zu beseitigen, andererseits verteuert die Abwertung die Importe, heizt damit die Inflation weiter an und macht den abwertungsinduzierten Wettbewerbsvorsprung wieder zunichte.

b) Der internationale Konjunkturzusammenhang

Steigende Auslandseinkommen haben bei festen Wechselkursen ganz unterschiedliche Auswirkungen auf das Inlandseinkommen, je nachdem, ob sie auf einer ausländischen Exportsteigerung oder einer Konsum-, Investitions-, Staatsausgabenerhöhung im Ausland beruhen. Im ersten Fall schrumpft, im zweiten Fall steigt das Inlandseinkommen. Der Grund liegt in der Entwicklung der inländischen Leistungsbilanz, die das Spiegelbild der ausländischen Leistungsbilanz darstellt und sich im ersten Fall verschlechtert, im zweiten Fall verbessert. Diese Ergebnisse konnten bereits an Hand der Analyse des Einkommensmechanismus gewonnen werden.

Vor dem Hintergrund dieser Überlegungen läßt sich die aktuelle Forderung vieler Länder, die Bundesregierung möge eine stärkere Konjunkturbelebung in die Wege leiten, verstehen. Man erhofft sich im Ausland von einer Nachfragestimulierung im Inland einen Importsog, der die Auslandsexporte und -einkommen steigen lassen würde. Diese Hoffnung trügt jedoch. Erstens dürften die quantitativen Effekte einer sich auf 20 bis 30 Länder verteilenden Zusatznachfrage des Inlandes·dort kaum entscheidende beschäftigungspolitische Bedeutung erlangen. Und zweitens ist das heutige Währungssystem durch weitgehend flexible Kurse, nicht durch den bisherigen Überlegungen zugrundeliegende feste Kurse gekennzeichnet.

Bei flexiblen Kursen scheint aber die erwartete positive Konjunkturübertragung äußerst fraglich, da die der Inlandsexpansion wegen der steigenden Importe folgende tendenzielle DM-Abwertung die Wettbewerbsfähigkeit des Auslandes reduziert. Der empirische Befund zeigt jedoch (Tab. 11), daß der Übergang zu flexiblen Wechselkursen 1973 den internationalen Konjunkturzusammenhang nicht zu lockern vermochte.

Tab. 11: Internationale Entwicklung des Sozialprodukts
(Veränderung des realen Brutto-Inlandsprodukts gegenüber dem Vorjahr in %)

	1961–1972	1973–1985	1978	1979	1980	1981	1982	1983	1984	1985	1986
Deutschland	5	2	3	4	1	0	−1	2	3	3	3
Frankreich	6	2	4	3	1	1	2	1	2	1	2
England	3	1	4	2	−2	−1	2	3	3	3	3
Italien	6	2	3	5	4	0	−1	0	3	2	3
USA	4	2	−5	3	0	3	−3	3	7	3	3
Japan	11	4	5	5	4	4	3	3	6	5	3
Schweiz	5	1	0	3	5	2	−1	1	2	4	3

Interpretation:

1. Das Wachstumstempo erreicht in allen Ländern in der zweiten Periode nur noch rd. 1/3 des früheren Niveaus. Es besteht offensichtlich ein internationaler Wachstumszusammenhang.

2. Der weltweite Konjunkturzusammenbruch 1979–1981 und die anschließende konjunkturelle Belebung 1982–1986 trifft ebenfalls alle Länder: Internationaler Konjunkturzusammenhang.

c) Die Kaufkraftparitätentheorie

Der internationale Preis- und Konjunkturzusammenhang basierte auf der Überlegung, daß die ausländische Preis- und Einkommensentwicklung zusammen mit der Wechselkursentwicklung die inländische Preis- und Einkommensentwicklung bestimmt. Auslandspreise und Wechselkurs waren die unabhängig Variablen, die Inlandspreise die abhängige Variable. Nimmt man stattdessen Inlands- und Auslandspreise als unabhängige Variable an und den Wechselkurs als abhängige Variable, wird die Wechselkursentwicklung von den internationalen Inflationsraten bestimmt.

Dies ist die These der „Kaufkraftparitätentheorie", deren bedeutendster Vertreter der schwedische Nationalökonom Gustav Cassel war. Die Theorie behauptet, der flexible Wechselkurs verändere sich längerfristig in einer solchen Weise, daß er genau die Differenz zwischen in- und ausländischer Inflationsrate widerspiegele.

4 Sauernheimer/Blohm

Beispiel:

Steigen die Auslandspreise um 10 %, die Inlandspreise um 5 %, verbessert sich die Wettbewerbssituation des Inlandes. Die Exporteure erzielen im Ausland höhere Preise und dehnen daher die Exporte aus; die Nachfrager weichen wegen der größeren Verteuerung der Auslandsprodukte auf Inlandsgüter aus, so daß der Import schrumpft. In der Folge entsteht ein Exportüberschuß, der den flexiblen DM-Kurs nach oben treibt. Die DM-Aufwertung hält solange an, bis sie 5 % erreicht. Dann ist die relative Verteuerung der ausländischen Güter durch die Verbilligung des ausländischen Geldes gerade kompensiert. Die Kaufkraft des Geldes ist im In- und Ausland gleich: Es herrscht Kaufkraftparität.

Vor der Wechselkursänderung war durch die stärkere Auslandsinflation die Kaufkraft des Geldes im Inland größer als im Ausland, da man für eine gegebene Geldmenge im Inland mehr Güter kaufen konnte als im Ausland. Im Zuge der DM-Aufwertung steigt die Kaufkraft der DM im Ausland, da der $ billiger wird. Die Kaufkraftparität ist wieder hergestellt, wenn die ausländische Währung gerade um soviel billiger geworden ist, wie die ausländischen Waren relativ teurer geworden sind.

Kurzfristig ist es allerdings wahrscheinlich, daß die Wechselkursentwicklung nicht dem internationalen Inflationsgefälle folgt, sondern mehr durch zinsinduzierte und spekulative Kapitalbewegungen bestimmt ist. So ist z. B. trotz höherer U.S.-Inflationsrate gegenüber der BRD der $-Kurs 1981–1985 stark gestiegen.

Für längerfristige Betrachtungsweisen gilt jedoch, daß die Entwicklung des Wechselkurses von den internationalen Unterschieden in den Inflationsraten bestimmt ist. *Damit kann in einer inflationierenden Umwelt der Wechselkurs eines preisstabilen Landes nicht konstant bleiben.* Preisstabile Länder müssen auf-, die anderen Länder abwerten. Die Aufwertungen preisstabiler Länder führen jedoch nicht, wie oft zu hören ist, zu Wettbewerbsnachteilen, sie machen lediglich den durch die Auslandsinflation entstandenen Wettbewerbsvorsprung wieder rückgängig.

Die Tabellen 12 und 13 versuchen einen Hinweis auf die Frage zu geben, ob mit Hilfe dieser Theorie die Entwicklung des flexiblen DM-Kurses seit 1973 erklärt werden kann.

Tab. 12: Differenz zwischen ausländischer und inländischer
Inflationsrate gemäß Tab. 10

	1960–1972	1973–1985	1978	1979	1980	1981	1982	1983	1984	1985	1986
Frankreich	1	6	6	7	9	7	7	7	5	4	3
England	2	8	5	9	13	6	4	2	3	4	3
Italien	1	12	9	11	16	2	11	12	9	7	6
USA	0	3	5	9	9	4	1	0	2	2	2
Schweiz	1	0	−2	0	−1	1	1	0	1	1	1

Interpretation:

1. Nur in 2 Jahren, 1978 und 1980, hatte eines der Länder, die Schweiz, eine niedrigere Inflationsrate als die BRD.

2. Man sollte, bei Gültigkeit der Kaufkraftparitätentheorie, eine Aufwertung der DM nach 1973 gegenüber allen Währungen außer dem Schweizer Franken erwarten.

Tab. 13: Prozentuale DM-Aufwertungssätze gegenüber den Währungen
wichtiger Handelspartner

	1973–1985	1978	1979	1980	1981	1982	1983	1984	1985	1986	ø
Französischer Franc (FF)	+ 5	+ 6	+ 3	0	+ 3	+ 13	+ 10	+ 3	− 1	+ 5	+ 6
Englisches Pfund (£)	+ 7	+ 5	− 1	− 8	− 7	+ 7	+ 10	+ 2	0	+ 19	+ 6
Italienische Lire (Lit)	+ 11	+ 11	+ 7	+ 4	+ 7	+ 11	+ 7	+ 4	+ 5	+ 6	+ 10
Dollar ($)	+ 4	+ 16	+ 10	+ 1	− 20	− 7	− 5	− 10	− 3	+ 36	+ 2
Schweizer Franken (sfrs)	− 3	− 14	+ 2	+ 2	− 6	− 4	− 2	0	+ 1	− 1	− 2
14 wichtige Industrieländer	+ 3	+ 5	+ 5	0	− 5	+ 5	+ 3	− 1	0	+ 9	+ 3

Interpretation:

1. DM-Aufwertungen sind durch ein +, Abwertungen durch ein − kenntlich gemacht. Die prozentualen Änderungssätze sind aus den Kursdifferenzen zwischen Ende und Anfang des betreffenden Jahres berechnet. Die Sätze für 1973–1985 gelten jahresdurchschnittlich.

4*

2. Die DM hat sich zwischen 1973 und 1985 gegenüber allen Währungen aufgewertet, außer gegenüber dem Schweizer Franken, demgegenüber eine 3%-ige Abwertung erfolgte. Die Aufwertungssätze entsprechen annähernd den Inflationsdifferentialen und stützen somit die Kaufkraftparitätentheorie.

3. Wegen der großen Bedeutung des Finanzplatzes Schweiz können die Aufwertungen des Schweizer Franken weniger von den Güterpreisen her erklärt werden als von Sicherheitsüberlegungen aus.

4. Die Bedeutung der Kapitalbilanz und damit von Zins- und Wechselkurserwartungen zeigt sich auch anhand der Kursentwicklung der DM gegenüber dem $: Aufwertungen 1978–1980, Abwertungen 1981–1985, Aufwertung 1986.

Die besondere Rolle des $ als Leit- und Transaktionswährung läßt die außerordentlichen Kursschwankungen des $ bedenklich erscheinen. Von 1969–1980 hat der $ gegenüber der DM mehr als die Hälfte seines Wertes verloren, bis 1985 einen Teil des Verlustes zurückgewonnen, danach wieder verloren (Abb. 8).

Abb. 8: Die $-Kursentwicklung

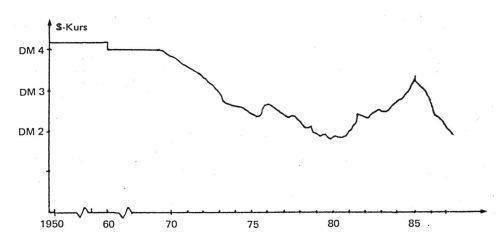

Fragen:

17. Wer sorgt im System fester Wechselkurse für die Konstanz des Wechselkurses und wie geschieht dies?

18. Nach der Theorie des Geldmengen-Preismechanismus führen Zahlungsbilanzsalden zu Geldmengenänderungen. Welches Verhalten der Zentralbank ist damit unterstellt?

19. Wie wirkt eine Investitionserhöhung, wie eine Exportsteigerung auf die inländische Leistungsbilanz, auf die ausländische Leistungsbilanz, auf das Inlandseinkommen, auf das Auslandseinkommen?

20. Was versteht man unter spekulativen Kapitalbewegungen?

21. Kommt es unter den Annahmen des Geldmengen-Preismechanismus in einem Defizitland zu Kapitalzu- oder -abflüssen?

22. In welchem Wechselkurssystem kommt es zu der „risikolosen Einbahnspekulation", und warum ist sie risikolos?

23. Was versteht man unter „importierter Inflation"?

24. Was versteht man unter dem internationalen Konjunkturzusammenhang?

25. Was ist der Inhalt der Kaufkraftparitätentheorie?

III. Zahlungsbilanzpolitik

Lernziel:

Dieser Abschnitt soll Sie vertraut machen mit den Instrumenten zur Erreichung des externen Gleichgewichts und den Konfliktfällen und ihren Lösungsmöglichkeiten bei gleichzeitiger Verfolgung des externen und internen Gleichgewichts.

Unter Zahlungsbilanzpolitik versteht man wirtschaftspolitische Maßnahmen mit dem Zweck, die Zahlungsbilanz zu beeinflussen. Welcher Art sind die Maßnahmen, welches sind die Instrumente der Beeinflussung und von welcher Zielvorstellung lassen sich die wirtschaftspolitischen Instanzen leiten? Eine Zielvorgabe für die Bundesregierung findet sich im § 1 des „Gesetzes zur Förderung der Stabilität und des Wachstums der Wirtschaft". Die dort genannten vier Ziele lassen sich in ein außenwirtschaftliches Ziel „externes Gleichgewicht" und einen binnenwirtschaftlichen Zielkomplex „internes Gleichgewicht" aufteilen. Die zahlungsbilanzpolitischen Maßnahmen werden daraufhin zu überprüfen sein, inwieweit sie diese beiden Ziele tangieren.

1. Externes Gleichgewicht

Unter dem externen, dem außenwirtschaftlichen Gleichgewicht versteht man das Gleichgewicht der Zahlungsbilanz.

Wie früher gezeigt wurde, kommt dieses Ziel automatisch zustande, wenn Wechselkurse, Preise und Einkommen nach oben und unten flexibel sind. In einem System flexibler Kurse ist somit das Gleichgewicht der Zahlungsbilanz stets gewährleistet, und wirtschaftspolitischer Maßnahmen bedarf es nicht.

In einem System fester Kurse müssen Preise und Einkommen die Anpassung übernehmen. Da aber Preise, soweit sie überhaupt nach unten flexibel sind, nur längerfristig nachgeben und Produktion bzw. Einkommen ebenfalls erst mit zeitlicher Verzögerung reagieren, braucht der Anpassungsprozeß bei festen Kursen viel Zeit. Über die gesamte Zeit der Anpassung hin müssen aber die vorhandenen, wenngleich kleiner werdenden Defizite finanziert werden. Für Länder mit unzureichenden Devisenreserven werden die Finanzierungsmöglichkeiten bald erschöpft sein, und zahlungsbilanzpolitische Maßnahmen müssen ergriffen werden. Abb. 6 zeigt die Einsatzmöglichkeit zweier Instrumente: Die Wechselkurspolitik ($\triangle$w) und eine Preise ($\triangle$P) und Einkommen ($\triangle$Y) beeinflussende Konjunktur-(Ausgaben-)politik.

a) Wechselkurspolitik

Bei grundsätzlich festen Wechselkursen kommen Wechselkursänderungen nur bei „fundamentalen Zahlungsbilanzungleichgewichten" in Betracht. Im Falle eines Defizitlandes würde eine Abwertung die defizitinduzierten Preis- und Einkommensanpassungen unterstützen und einen raschen Abbau des Zahlungsbilanzdefizits ermöglichen. Die diesbezüglichen in eine Abwertung gesetzten Hoffnungen können jedoch enttäuscht werden:

1. Wegen der steigenden Importpreise wird es, wenn die Importnachfrage preisunelastisch ist (Erdöl, lebensnotwendige Güter) zu einem Anstieg des Importwertes kommen. Übertrifft er den Anstieg des Exportwertes, verschlechtert sich die Leistungsbilanz bereits auf Grund der Elastizitätsbetrachtung (Primäreffekt).

2. Verbessert sich hingegen auf Grund des Primäreffektes die Leistungsbilanz in gewünschter Weise, steigen in der Folge Einkommen und Import, so daß ein Teil der Verbesserung wieder zunichte gemacht wird (Sekundäreffekt).

3. Die nach Primär- und Sekundäreffekt noch verbleibende Leistungsbilanzverbesserung führt zu Geldzuflüssen, die direkt die Nachfrage beleben oder indirekt über sinkende Zinsen die Nachfrage nach Investitionsgütern erhöhen. Steigende Einkommen und Importe reduzieren den Verbesserungseffekt weiter (Tertiäreffekt).

4. Der verbleibende Verbesserungseffekt verschlechtert die ausländische Leistungsbilanz, so daß dort Einkommen und Importe und damit die heimischen Exporte sinken, was tendenziell die Leistungsbilanz weiter verschlechtert.

Ergebnis:

Abwertungen verbessern die Leistungsbilanz um so eher, je länger der Betrachtungszeitraum ist (größer werdende Elastizitäten) und je weniger die gesamtwirtschaftliche Nachfrage expandiert (Zunahme von Einkommen und Importen bleibt gering).

b) Ausgabenpolitik

Während durch die Abwertung Nachfrageströme von Auslandsprodukten auf Inlandsgüter umgelenkt werden, sich also die „Struktur" der Nachfrage verändert, variiert die Ausgabenpolitik das „Niveau" der Gesamtnachfrage und damit auch das Niveau der Nachfrage nach Auslandsgütern. Eine Politik der Ausgabendämpfung (Konjunkturdrosselung) ist demnach angebracht, wenn es gilt, die Zahlungsbilanz zu verbessern. Zwei Varianten sind gebräuchlich.

(1) Fiskalpolitik

Kontraktive Fiskalpolitik wird in der Form sinkender Staatsausgaben oder mittels Steuererhöhung reduzierter Privatausgaben betrieben. Die Ausgabenreduktionen tragen insofern direkt zu einer Verbesserung der Leistungsbilanz bei, als die in den Gesamtausgaben enthaltenen Ausgaben für Inlandsgüter zurückgehen, und indirekt insoweit, als sinkende Ausgaben für Inlandsgüter Einkommen und Importe schrumpfen lassen.

(2) Geldpolitik

Verknappt die Zentralbank die Geldmenge, werden die zur Verausgabung vorgesehenen Mittel reduziert, und die Nachfrage wird zurückgehen. Auf den beiden soeben beschriebenen direkten und indirekten Wegen wird dadurch auch die Nachfrage nach Auslandsgütern berührt. Darüber hinaus induziert die Geldmengenreduktion Zinssteigerungen, die die Investitionen drosseln und so weitere Einkommens- und Importkontraktionen bewirken. Ferner kommt es zu zinsinduzierten Netto-Kapitalimporten, die die Kapitalbilanz verbessern. Die Geldpolitik hat somit gegenüber der Fiskalpolitik den Vorzug, nicht nur die Leistungsbilanz, sondern auch die Kapitalbilanz zu verbessern.

c) Direkte Eingriffe

Die wirtschaftspolitischen Instanzen können zum Zweck der Zahlungsbilanzbeeinflussung direkte Eingriffe in den Waren- (Handelsbilanz) und Kapitalverkehr (Kapitalbilanz) vornehmen. Die wichtigsten handelspolitischen Instrumente wurden bereits im Kapitel Handelspolitik besprochen. Im Bereich der Kapitalbilanz wurden „Konvertibilitätsbeschränkungen" wie die Genehmigungspflicht oder das Verbot von Kapitalexporten in Defizitländer, das „Verzinsungsverbot" und die „Mindestreserveerhebung" auf Guthaben Gebietsfremder in Überschußländern angewendet. In die letzte Gruppe gehört auch das „Bardepot", eine zinslose Hinterlegung von Teilen im Ausland aufgenommener Kredite. Prinzipiell behindern also Defizitländer die Kapitalausfuhr, die das Defizit noch erhöhen würde, Überschußländer die Kapitaleinfuhr, die den Überschuß noch weiter anschwellen lassen würde.

2. Externes und internes Gleichgewicht

a) Die Problemstellung

In den bisherigen Erörterungen wurden Mechanismen und wirtschaftspolitische Aktionen ausschließlich unter dem Aspekt ihrer Eignung als Mittel des Zahlungsbilanzausgleichs untersucht. Das wirtschaftspolitische Ziel des externen, des außenwirtschaftlichen Gleichgewichts hatte gleichsam Absolutheitscharakter. Diese vereinfachende Annahme wird jetzt aufgegeben und das Erfordernis des „internen Gleichgewichts" mit ins Kalkül einbezogen. *Wir wollen hier einen hohen Beschäftigungsstand bei stabilen Preisen als internes Gleichgewicht bezeichnen.*

Es stellt sich dann die Frage, ob die unter dem Aspekt des Zahlungsbilanzausgleichs besprochenen Mechanismen und wirtschaftspolitischen Maßnahmen die Erreichung des Zieles des internen Gleichgewichts erleichtern oder erschweren. Umgekehrt ist zu fragen, inwieweit wirtschaftspolitische Aktionen zur Erreichung des internen Gleichgewichts das externe Gleichgewicht beeinflussen.

Wir wollen das Problem an Hand der Situation eines Defizitlandes erörtern. Infolge des Zahlungsbilanzdefizits kommt es bei festen Kursen zu Reduktionen der Geldmenge. In der Folge sinken Nachfrage und Preise solange, bis das Defizit beseitigt ist. Reichen die Währungsreserven aus, die Defizite in der Periode der Anpassung zu finanzieren, besteht von dieser Seite her kein Anlaß, in den Anpassungsprozeß einzugreifen. Da aber, wie die Erfahrung zeigt, schrumpfende Nachfrage keineswegs zu sinkenden Preisen, sondern vielmehr zu schrumpfender Produktion und damit zu Einkommens- und Beschäftigungsrückgängen führt, wird der Zahlungsbilanzausgleich mit Beschäftigungsabbau „bezahlt".

In fast allen Ländern genießt spätestens seit dem zweiten Weltkrieg das Beschäftigungsziel aber absolute Priorität. Konsequenterweise verhindert man das Funktionieren der Zahlungsbilanzausgleichsmechanismen. Der Geldmengen-Preismechanismus wird außer Kraft gesetzt, indem die Notenbanken Kompensationspolitik betreiben. Die Geldmengenabflüsse in Folge des Defizits werden durch expansive interne Geldpolitik kompensiert. Der Einkommensmechanismus, der eine defizitär gewordene Leistungsbilanz über schrumpfendes Einkommen und sinkende Importe ausgleichen könnte, wird von den Regierungen durch expansive Fiskalpolitik außer Kraft gesetzt, um drohende Arbeitslosigkeit zu vermeiden.

Damit ist die Konfliktsituation skizziert: Läßt man den Zahlungsbilanzausgleichsmechanismen im Falle eines Defizits freien Lauf, kommt es zu Einkommens- und Beschäftigungsreduktionen. Unterstützt man die Mechanismen noch durch kontraktive Konjunkturpolitik, erreicht man das Zahlungsbilanzziel schneller, allerdings auf Kosten einer weiteren Beschäftigungsabnahme. Verhindert man dagegen durch eine Kompensationspolitik und expansive Fiskalpolitik ein Absinken des Beschäftigungsgrades, kann das Zahlungsbilanzdefizit nicht zum Verschwinden gebracht werden.

Der erste, der den Konflikt zwischen internem und externem Gleichgewicht in das Bewußtsein breiterer Kreise gerufen hat, war James E. Meade. Von ihm stammt auch ein Vorschlag zur Lösung des Konfliktes.

b) Der Policy-Mix

(1) Die Lösung von Meade

Meade geht von der Einsicht aus, daß man, um zwei Ziele zu erreichen, zwei Instrumente braucht. Die Überforderung eines Instrumentes, z. B. der Ausgabenpolitik, zur Erreichung zweier Ziele, der Vollbeschäftigung und des Zahlungsbilanzausgleichs, wurde im letzten Abschnitt deutlich. Also, folgert Meade, muß man das zweite Instrument, die Wechselkurspolitik, mitverwenden, wenn man beide Ziele erreichen will.

Da nun aber sowohl die Wechselkurspolitik, die über die Leistungsbilanz, Einkommen und Produktion auf die Beschäftigung wirkt, als auch die Ausgabenpolitik, die über Einkommen, Produktion und Beschäftigung die Leistungsbilanz beeinflußt, beide Ziele tangiert, stellt sich die Frage, welches Instrument für welches Ziel eingesetzt werden soll. Meade schlägt vor, die Wechselkurspolitik in den Dienst des Zahlungsbilanzausgleichs, die Ausgabenpolitik in den Dienst der Vollbeschäftigung zu stellen. Dies erscheint sinnvoll, da die Wechselkursänderung direkt über Export- und Importmengen und -preise die Zahlungsbilanz berührt, während die Ausgabenänderung direkt auf die Produktion und Beschäftigung durchschlägt. Die Einsatzrichtung der beiden Instrumente hängt nun offenkundig von der Ausgangssituation ab, in der sich die betrachtete Volkswirtschaft befindet. Abb. 9 klassifiziert die Möglichkeiten:

Abb. 9: Ausgangskonstellationen beim Policy-Mix

| | | Beschäftigungsgrad | |
		Unterbeschäftigung	Überbeschäftigung
	Defizit	A	B
Zahlungsbilanz			
	Überschuß	C	D

Man erkennt, daß die wirtschaftspolitischen Konstellationen B und C problemlose Fälle sind. Inflation (Überbeschäftigung) bei Zahlungsbilanzdefizit und Arbeitslosigkeit (Unterbeschäftigung) bei Zahlungsbilanzüberschuß sind leicht zu bekämpfen: Eine kontraktive Konjunkturpolitik im ersten und eine expansive Konjunkturpolitik im zweiten Fall reichen aus, um simultan die beiden Ziele der Vollbeschäftigung und des Zahlungsbilanzausgleichs zu erreichen.

Anders in den Konfliktsituationen A und D, einer Inflation bei Zahlungsbilanzüberschuß und — schlimmer noch — Arbeitslosigkeit bei Zahlungsbilanzdefizit. Konjunkturpolitik bringt uns zwar der Vollbeschäftigung näher, vergrößert aber die bereits bestehenden Zahlungsbilanzungleichgewichte.
In diesen Fällen muß das Instrument der Wechselkurspolitik zu Hilfe genommen werden. Im Fall A muß abgewertet werden, um die mit der Ausgabenerhöhung sich weiter verschlechternde Zahlungsbilanz zu verbessern. Im Fall D bedarf es einer Aufwertung, um die durch die Ausgabenreduktion sich weiter verbessernde Zahlungsbilanz zu verschlechtern, d. h. den Überschuß abzubauen. Damit lautet zusammenfassend die Meade'sche Empfehlung für *inflationierende Überschußländer: Kontraktive Ausgabenpolitik und Aufwertung, für unterbeschäftigte Defizitländer: Expansive Ausgabenpolitik und Abwertung.*

(2) Die Lösung von Mundell
Robert Mundell akzeptiert die Meade'schen Konfliktsituationen, hält aber seine Konfliktlösungen für unbrauchbar, da die Länder nach den Statuten des IWF in ihrer Wechselkurspolitik nicht frei, sondern an das Vorliegen eines „fundamentalen Zahlungsbilanzungleichgewichtes" gebunden sind.

Daher schlägt Mundell vor, den Wechselkurs als Instrument fallen zu lassen. Das benötigte zweite Instrument gewinnt Mundell durch *Aufspaltung der Ausgabenpolitik in Fiskal- und Geldpolitik.* Die Fiskalpolitik reserviert Mundell für die beschäftigungspolitische Zielsetzung, weil Staatsausgabenvariationen direkt Einkommen, Produktion und Beschäftigung beeinflussen, während die Geldpolitik direkt über Kapitalbewegungen die Zahlungsbilanz, aber nur indirekt über zinsinduzierte Investitionen Produktion und Beschäftigung berührt.

Auch hier sind wieder die Dilemma-Fälle A und D von besonderem Interesse. Den beschäftigungspolitisch richtigen, zahlungsbilanzpolitisch mißlichen fiskalpolitischen Aktionen wird eine expansive Geldpolitik im Fall D, eine kontraktive im Fall A begleitend zur Seite gestellt. Diese baut, von D ausgehend, den durch die Fiskalpolitik noch verstärkten Überschuß über Zinssenkungen, die Kapitalexporte hervorrufen, und Investitionen, Einkommen und Importe zunehmen lassen, ab. Analog kommt es im Fall A zu Kapitalimporten und Importabnahmen, da die kontraktive Geldpolitik zu steigenden Zinsen, sinkenden Investitionen und Einkommensreduktionen führt. Diese Zahlungsbilanzverbesserung kompensiert dann das durch die expansive Fiskalpolitik noch verstärkte Ausgangsdefizit.

Fragen:

26. Wie beeinflussen Wechselkurs- und Ausgaben-(Konjunktur-)politik die Leistungsbilanz?

27. Welches sind die Konfliktsituationen zwischen Beschäftigungsgrad und Zahlungsbilanzsituation, die durch konjunkturpolitische Maßnahmen allein nicht behoben werden können? Wie lösen Meade und Mundell diesen Konflikt?

IV. Der institutionelle Rahmen

Lernziel:

Nach der Lektüre dieses Abschnitts sollten Ihnen die wichtigsten internationalen währungspolitischen Organisationen bekannt sein.

Während die im Abschnitt „Handelspolitik" genannten Organisationen sich in erster Linie für einen freien Handel, einen freien internationalen Austausch von Gütern einsetzen, liegt die Aufgabe der jetzt zu besprechenden Organisationen vorwiegend darin, für einen reibungslosen Ablauf der **Finanzierung** der internationalen Güterbewegungen zu sorgen. Dabei ergeben sich zwei Problemkreise. Ein Problem besteht in der Bereitstellung einer optimalen Höhe von Währungsreserven, dem international anerkannten Geld zur Finanzierung von Zahlungsbilanzdefiziten. Sind die Währungsreserven zu reichlich bemessen, entsteht weltweit ein Inflationspotential, sind sie zu knapp bemessen, drohen Import- und Handelsbeschränkungen. Das zweite Problem besteht in den Modalitäten des Umtauschs einer Währung in eine andere. Die Herbeiführung einer freien Umtauschbarkeit (Konvertibilität) ist genauso von Interesse wie Vereinbarungen über die Art der Währungspreisbildung, das Wechselkurssystem.

1. Der Internationale Währungsfonds (IWF)

Der IWF ist eine Sonderorganisation der Vereinten Nationen. Er wurde 1944 gegründet; Sitz der Organisation ist Washington. Der IWF verpflichtete ursprünglich die Mitgliedsländer, den Kurs ihrer Währungen innerhalb eines Bandes zu halten, Wechselkursänderungen nur bei Vorliegen „fundamentaler Zahlungsbilanzungleichgewichte" vorzunehmen, Abwertungen nicht vorzunehmen, um sich ungerechtfertigte Wettbewerbsvorteile zu verschaffen. Zahlungsbilanzkredite werden vom IWF den Mitgliedsländern gemäß ihrer eingezahlten Quoten gewährt. Das Recht der Mitgliedsländer, derartige Kredite in Anspruch zu nehmen, nennt man **Ziehungsrecht**. Da die Ziehungsrechte in vielen Fällen nicht ausgereicht haben, Zahlungsbilanzdefizite zu begleichen, hat man das Instrument der **Sonderziehungsrechte** zusätzlich geschaffen. Sie stellen Buchgeld dar, das zum Zwecke der Abdeckung von Zahlungsbilanzdefiziten verwendet werden kann. Für die nach der Ölpreiserhöhung entstandenen zusätzlichen Defizite der ölimportierenden Länder wurde eine weitere Kreditmöglichkeit, die **Ölfazilität** geschaffen. Für spezielle Zwecke gibt es weitere Finanzierungsmöglichkeiten (Fazilitäten).

Von den Entwicklungsländern wird heute die Forderung erhoben, die Gewährung von Sonderziehungsrechten mit der Entwicklungshilfe zu verknüpfen (Link) und ihre Zuteilung kräftig auszuweiten. Aus ökonomischer Sicht ist diese Forderung wenig sinnvoll, denn wie jede Buchgeldschöpfung, wird auch die Gewährung von umfangreichen Sonderziehungsrechten bei kurzfristig nur unwesentlich steigerungsfähigem Güterangebot inflationäre Wirkungen zeigen.

Die Stimmrechte im IWF hängen u. a. von der Höhe der eingezahlten Quoten ab, so daß die finanzkräftigen Industrieländer einen relativ großen Einfluß haben. Seit der Konferenz von Jamaica (1976) hat der IWF das seit 1973 von vielen Ländern praktizierte **Floating**, die freie Wechselkursbestimmung, legalisiert. „Schmutziges Floating", d. h. Interventionen der Notenbank am Devisenmarkt zum Zweck der Abwertung der heimischen Währung zur Erlangung von Wettbewerbsvorteilen für das Inland, ist verboten. Interventionen, um „disorderly market conditions" (z. B. hektische Kurssprünge) zu verhindern, sind jedoch erlaubt. Der Fonds „überwacht" die Wechselkurspolitik der Mitgliedsländer.

2. Das Europäische Währungssystem (EWS)

Das Europäische Währungssystem (EWS) wurde am 13. März 1979 in Kraft gesetzt. Mitglieder sind die EG-Staaten; England. Portugal und Spanien, die erst kürzlich Mitglieder der EG wurden, nehmen noch nicht teil. Beim EWS handelt es sich um ein auf die EG-Staaten begrenztes System fester, aber anpassungsfähiger Paritäten. Die Kurse dürfen innerhalb bestimmter Grenzen (± 2,25 %, Italien ± 6 %) um die Paritäten schwanken, wobei eine gegenseitige Interventionsverpflichtung der beteiligten Staaten bei Überschreitung der Grenze besteht. Wechselkursanpassungen sind nur im Einvernehmen mit **allen** am EWS beteiligten Ländern zulässig.

Kern des EWS ist die Europäische Währungseinheit ECU − (European Currency Unit), welche eine aus festen, aber revidierbaren Anteilen aller am EWS beteiligten Landeswährungen zusammengesetzte Korbwährung darstellt. Der Anteil einer jeden Landeswährung am Korb bestimmt sich nach dem Anteil am innereuropäischen Handel, dem Sozialprodukt und den Quoten in den Beistandsmechanismen. Der Wert einer ECU, ausgedrückt in Einheiten einer nationalen europäischen Währung (ECU-Leitkurs), errechnet sich durch Multiplikation der einzelnen im Korb vorhandenen Währungsbeiträge mit den bilateralen Kursen dieser nationalen Währungen und anschließender Addition der einzelnen Beträge.

3. Die Bank für internationalen Zahlungsausgleich (BIZ)

Die BIZ wurde 1930 zur Abwicklung der Reparationszahlungen des Deutschen Reiches gegründet. Sitz der Bank ist Basel. Eigentumsanteile befinden sich im Besitz vieler Zentralbanken. Die heutige Aufgabe besteht in der Förderung der Zusammenarbeit der Zentralbanken (jeden Monat findet ein Treffen der Notenbankleiter der wichtigsten Industrieländer hier statt) und in der Abwicklung bestimmter Transaktionen der Zentralbanken im Zusammenhang mit Goldgeschäften oder Operationen auf den Euro-Märkten.

Frage:

> 28. Welches sind die wichtigsten Aufgaben des IWF, der bedeutendsten währungspolitischen Organisation?

Ausblick

Hier konnte nur ein knapper Überblick über die grundlegenden Fragen der Außenwirtschaftstheorie und Außenwirtschaftspolitik gegeben werden. Wichtige Aspekte wurden notgedrungen vernachlässigt. Einige sollen abschließend wenigstens genannt werden. In der Theorie und Politik des internationalen Handels blieben die Handelseffekte regionaler Zusammenschlüsse wie die der EWG und der EFTA sowie der Ost-West-Handel ohne Bedeutung. Ebenfalls nicht diskutiert wurden die wechselseitigen Beziehungen zwischen wirtschaftlichem Wachstum und internationalem Handel. Schließlich konnten auch die handelspolitischen Strategien der Entwicklungsländer nicht gewürdigt werden. Hier wären die Probleme der Erlösstabilisierung, der Preisstabilisierung, der spezialisierungsbedingten Monokulturen, der alternativen Förderung der Exportbranche oder der mit Importen konkurrierenden Branchen, der alternativen Forcierung der landwirtschaftlichen oder der industriellen Produktion zu erörtern gewesen.

Im Rahmen der Zahlungsbilanztheorie und Zahlungsbilanzpolitik konnte auf folgende Themen nicht eingegangen werden: Vergleich geld- und fiskalpolitischer Impulse bei festen und flexiblen Wechselkursen, die Bedeutung des Euro-$-Marktes, der Terminmärkte, der Direktinvestitionen, auf die Rolle von Lohnentwicklung, Produktivitätsentwicklung und internationaler Wettbewerbsfähigkeit eines Landes und die währungspolitischen Integrationsversuche in Europa in jüngster Zeit.

Antworten zu den Fragen

1. Nahezu die Hälfte des gesamten Welthandels wird zwischen den entwickelten Ländern abgewickelt. Der Importüberschuß entfällt zu etwa zwei Drittel auf die OPEC-Länder.

2. Kurzfristige Nichtverfügbarkeit kann auf unvorhergesehenen Produktionsausfällen oder überlasteten Produktionskapazitäten beruhen.

   Mittelfristige Nichtverfügbarkeit basiert auf wirtschaftlicher Unterentwicklung (fehlende Produktion von Industrieerzeugnissen in Entwicklungsländern) oder einer technologischen Lücke (Importabhängigkeit des Auslandes bei bestimmten, hochspezialisierten, nur in der Bundesrepublik hergestellten Maschinen).

   Langfristige Nichtverfügbarkeit beruht auf natürlichen Gegegebenheiten geologischer (Rohstoffe) und klimatischer (Agrarerzeugnisse) Art.

3. Diese Importe beruhen auf Produktdifferenzierungen des Auslandes. Inländische Verbraucher präferieren das ausländische Erzeugnis, weil in ihren Augen der niedrigere Preis des inländischen Konkurrenzproduktes durch den (echten oder vermeintlichen) Qualitätsvorteil des ausländischen Erzeugnisses überkompensiert wird.

4. Einen absoluten Vorteil in der Tuchproduktion hat das Ausland, wenn es mindestens 91 Tucheinheiten produzieren kann, für einen komparativen Vorteil des Auslandes in der Tuchproduktion sind mindestens 61 ME Tuch notwendig.

5. Die Transformationskurve oder Produktionsmöglichkeitenkurve ist der geometrische Ort aller Mengenkombinationen zweier Güter (bzw. Güterbündel), die eine Volkswirtschaft bei Vollbeschäftigung produzieren kann.

6. Sind die Terms of Trade gleich dem inländischen Kostenverhältnis, so fließt der gesamte Handelsgewinn dem Ausland zu. Je mehr sich jedoch die Terms of Trade dem Kostenverhältnis des Auslandes annähern, um so größer wird der Anteil des Handelsgewinns, der dem Inland zufließt.

7. Internationale Kostenunterschiede beruhen auf relativen Produktivitätsunterschieden und relativen Unterschieden in der Ausstattung mit Produktionsfaktoren zwischen den einzelnen Ländern.

8. Spezialisierung auf jenes Produkt, das den relativ reichlich vorhandenen Faktor intensiv nutzt.

9. Die Weltweizenproduktion betrüge 75 ME, die Welttuchproduktion 90.

10. Nach Handelsaufnahme und Spezialisierung steigt die Weltproduktion auf jeweils 100 ME bei jedem Gut, folglich bei Weizen um 25 ME, bei Tuch um 10 ME.

11. In Branchen, die zu sinkenden Grenzkosten produzieren, haben Marktneulinge mit am Anfang in der Regel geringen Umsätzen keine Wettbewerbschancen gegenüber etablierten Großunternehmen. Um inländische Branchenneulinge in ihrer Aufbauphase gegenüber großen ausländischen Konkurrenten auf dem Binnenmarkt wettbewerbsfähig zu machen, wird ein sogenannter — vorübergehender — Erziehungszoll gefordert (Beispiel: Schutz einer in der Aufbauphase befindlichen nationalen Computerindustrie vor US-amerikanischen Branchenriesen).

12. Von den Substitutionsmöglichkeiten zwischen Importgütern und heimischen Produkten, von der staatlichen Verwendung der Zolleinnahmen, von ausländischen zollpolitischen Reaktionen und vom Importgüteranteil in den Exporten.

13. Kontingente, Konvertibilitätsbeschränkungen, Normvorschriften, Genehmigungsmodalitäten u. v. a.

14. Die Regel der Meistbegünstigung verlangt, daß die handelspolitischen Vorteile, die ein Land einem zweiten gewährt, auch gegenüber Dritten gewährt werden müssen.

15. Steigende Überschüsse in der Handelsbilanz und abnehmende Defizite in der Dienstleistungsbilanz.

16. Die Zahlungsbilanz ist dann im Gleichgewicht, wenn geplantes privates Angebot und geplante private Nachfrage am Devisenmarkt übereinstimmen. Die Währungsreserven der Zentralbank ändern sich in diesem Fall nicht. Der Saldo der Devisenbilanz ist Null.

17. Die Zentralbank. Sie kauft die beim fixierten Kurs auftretenden Angebotsüberhänge auf und verkauft aus ihren Beständen bei Nachfrageüberhängen.

18. Passives Verhalten. Geldzu- oder -abflüsse werden nicht durch aktive Geldpolitik sterilisiert oder kompensiert.

19. Eine Investitionserhöhung erhöht das Inlandseinkommen, verschlechtert die inländische, verbessert dementsprechend die ausländische Leistungsbilanz und läßt dort das Einkommen ebenfalls steigen. Die Exporterhöhung erhöht ebenfalls das Inlandseinkommen, die übrigen drei Wirkungen sind umgekehrt wie bei der Investitionserhöhung.

20. Kapitalbewegungen, die in Erwartung von Wechselkursänderungen vorgenommen werden.

21. Infolge des Defizits sinkt die Geldmenge. Der Zins steigt und induziert Kapitalzuflüsse. Diese sind erwünscht, weil dann der Devisenverlust der Zentralbank geringer ausfällt.

22. Bei festen Wechselkursen. Sie ist risikolos, weil die gekaufte aufwertungsverdächtige Währung schlimmstenfalls nicht aufgewertet, mit Sicherheit aber nicht abgewertet wird.

23. Die Übertragung einer Inflation im Ausland ins Inland.

24. Parallele Entwicklungen von Einkommen (und Beschäftigung) in den einzelnen Ländern.

25. Die Entwicklung des Wechselkurses wird erklärt durch Unterschiede in den Inflationsraten zwischen den Ländern.

26. Eine Abwertung lenkt Ausgaben um von Importen auf heimische Produkte, kontraktive Konjunkturpolitik reduziert das Ausgabenniveau und damit auch die Ausgaben für Importgüter.

27. Unterbeschäftigung bei Zahlungsbilanzdefizit und Überbeschäftigung bei Zahlungsbilanzüberschuß. Meade stellt die Wechselkurspolitik in den Dienst des externen, die Konjunkturpolitik in den Dienst des internen Gleichgewichts. Für letzteres Ziel setzt Mundell die Fiskal-, für ersteres die Geldpolitik ein.

28. Regelung des Wechselkurssystems, Abbau von Konvertibilitätsbeschränkungen, Kreditgewährungen bei Zahlungsbilanzdefiziten, allgemein: Ordnung des internationalen Währungssystems.

Literaturhinweise

1. Adebahr, H., Währungstheorie und -politik, Berlin 1978
2. Glastetter, W., Außenwirtschaftspolitik, Köln 1975
3. Glismann, H. H., u. a., Weltwirtschaftspolitik, 3. Aufl., München 1986
4. Rose, K., Theorie der Außenwirtschaft, 9. Aufl., München 1986